イチから分かる北方領土

北海道新聞社

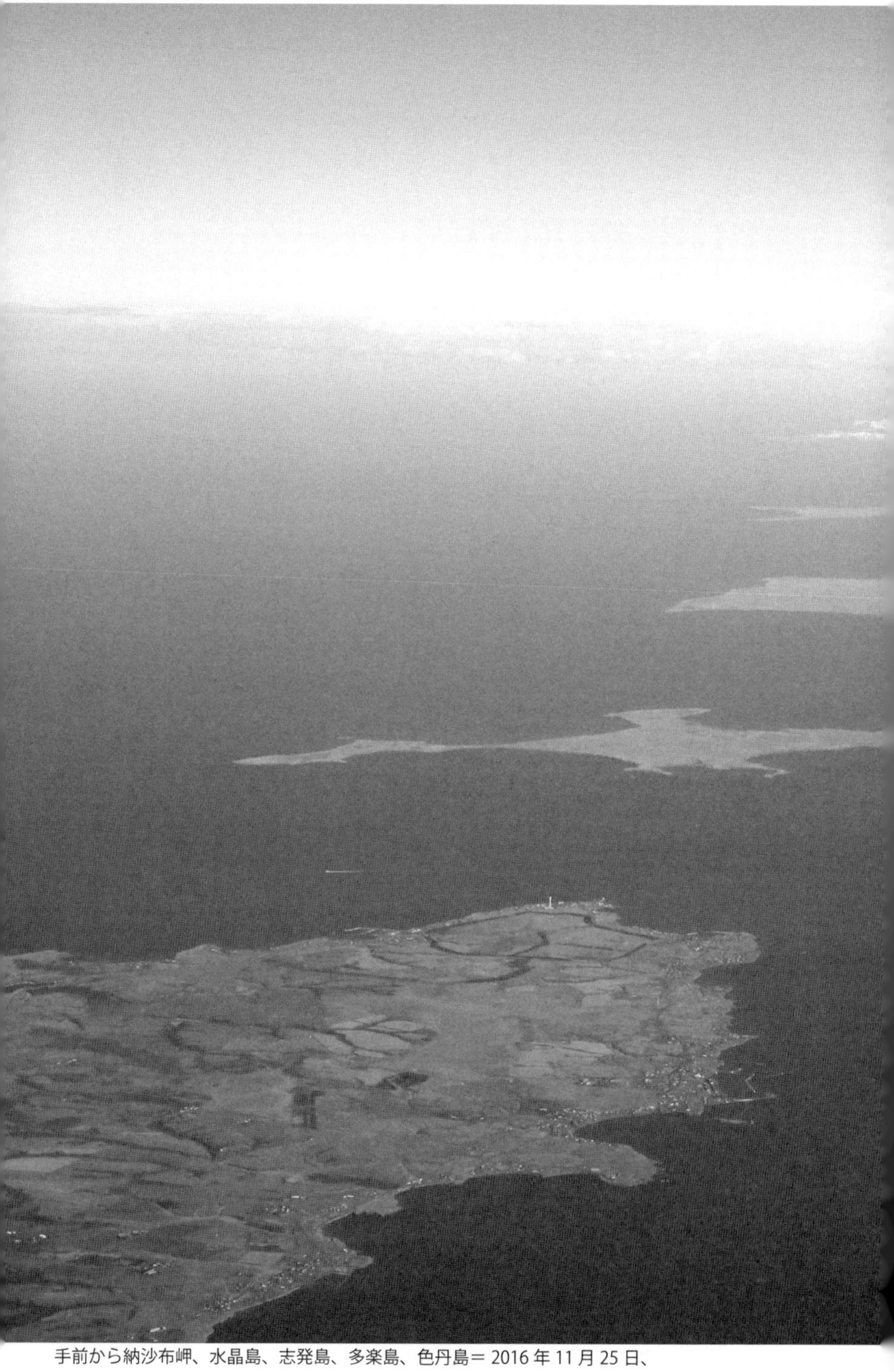
手前から納沙布岬、水晶島、志発島、多楽島、色丹島＝ 2016 年 11 月 25 日、
本社機から小室泰規撮影

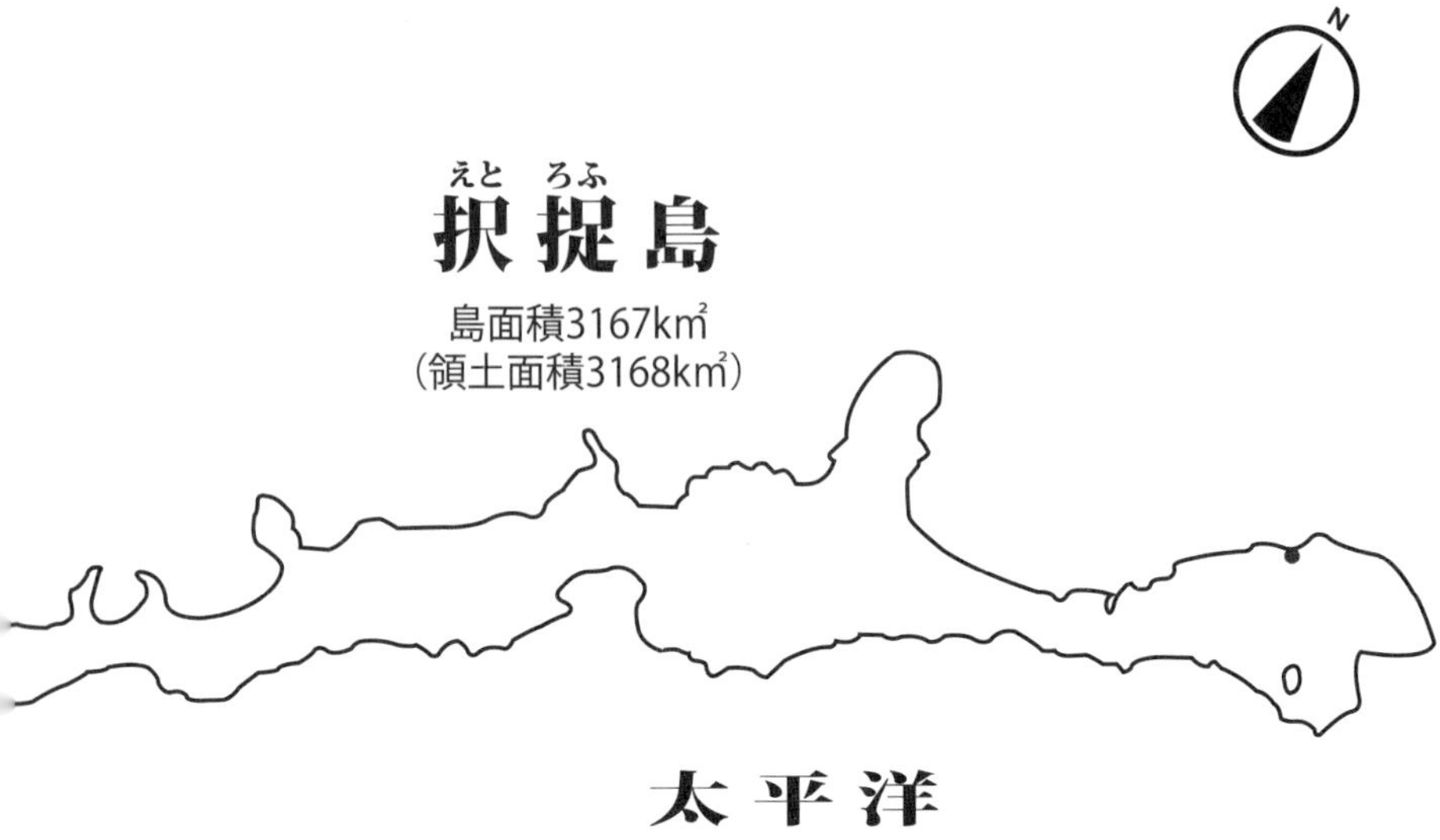

	北方領土の面積（k㎡）	島面積（k㎡）
歯舞群島	95	93
水晶島		12
秋勇留島		2
勇留島		10
志発島		58
多楽島		11
海馬島,貝殻島		—
色丹島	251	248
国後島	1,490	1,489
択捉島	3,168	3,167
合計	5,003	4,997

注　面積及び島面積は、国土地理院「平成26年全国都道府県市区町村別面積調」による（小数点第１位を四捨五入）。なお、島面積とは、周辺にある１k㎡未満の小島や岩礁の面積を含まない、本島のみの面積のことである。

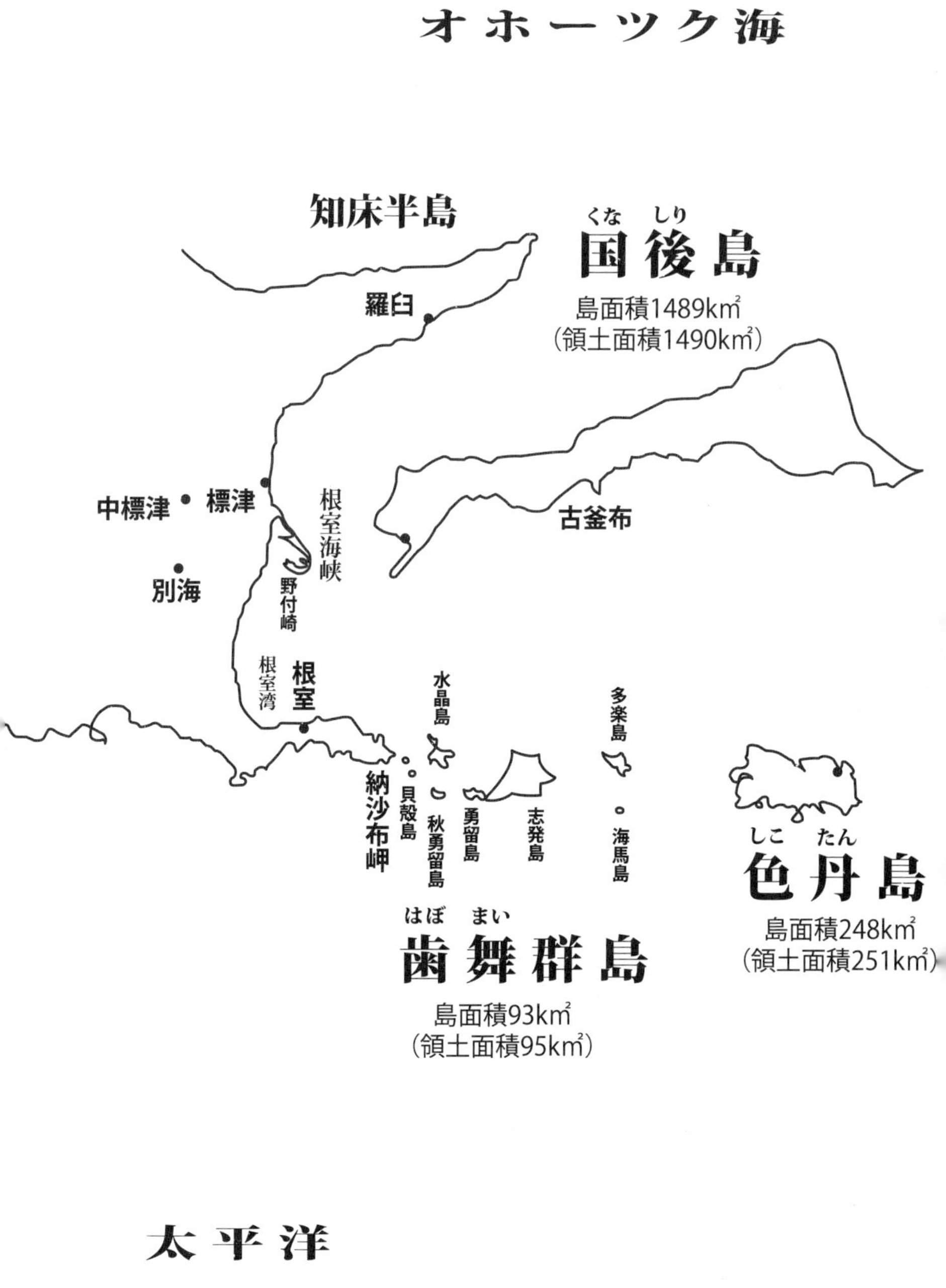
オホーツク海
知床半島
国後島《くなしり》
島面積1489km^2
(領土面積1490km^2)
羅臼
中標津
標津
根室海峡
古釜布
別海
野付崎
根室湾
根室
水晶島
多楽島
納沙布岬
貝殻島
秋勇留島
勇留島
志発島
海馬島
色丹島《しこたん》
島面積248km^2
(領土面積251km^2)
歯舞群島《はぼまい》
島面積93km^2
(領土面積95km^2)
太平洋

contents

はじめに

「日ロ双方の主張と対立点の変遷がよく理解できた」「年代ごとに区切られていて分かりやすい」――。北海道新聞朝刊で２０１９年1月17日付から計5回にわたって連載した「木曜ワイド　一から分かる北方領土の歴史」には、多くの読者から予想を超える反響が寄せられた。

北方領土を巡る日々の記事では、紙面も限られ、過去の交渉経緯や歴史的背景について、どうしても十分に書ききれないことが多い。ただ、２０１８年11月に日ロ首脳が合意した１９５６年の日ソ共同宣言を基礎にした平和条約締結交渉が動きだすにつれ、鮮明になったのは四島の歴史認識などを巡る日ロ間の「ずれ」だった。そのルーツには何があるのか。交渉の行方を追うとともに、改めて歴史を原点から振り返ろうと、連載が決まった。

連載では両国間に初めて国境が画定した１８５５年以降の日ロ間の歴史

を、大きく五つの時期に分けて検証した。「四島は日本固有の領土」と訴えてきた日本政府だが、かつてはサンフランシスコ講和条約で放棄した千島列島に択捉、国後両島が含まれると認めていた。一方、「四島領有は大戦の結果」と主張するロシアも、東京宣言では日本との間に四島の帰属問題が存在することを認めている。過去の歴史をたどると、両国とも主張や立場が揺れ動いてきたことが浮かび上がる。

安倍晋三首相は、2019年6月に大阪で開催する20カ国・地域（G20）首脳会合に合わせ、来日するプーチン大統領との会談を予定している。北方領土に関する歴史認識や安全保障問題を巡る日ロ間の隔たりはなお大きく、一気に進展は難しいが、互いに向き合わなくては、主張の違いを乗り越えていくことは難しい。このブックレットには、北方領土を巡る歴史のほか、色丹島のルポ、道内と北方領土それぞれの地域での世論調査、日ロ両政府や隣接地域の最前線で取材する北海道新聞記者のコラム、北方領土問題に関する過去の主な条約や国際合意――などを収録した。

故郷の島々が戻る日を願ってきた元島民は6千人を切った。問題を先送りすることなく、どう解決に導いていけばいいか。ブックレットが北方領土問題を考える一助になることを願っている。

２０１９年５月

北海道新聞東京報道センター次長　渡辺玲男

択捉島の萠消（もえけし）湾＝ 2018 年 7 月 22 日、空路墓参チャーター機の窓から、村上辰徳撮影

Ⅰ 北方領土問題の歴史

※本章は、北海道新聞2019年1月から2月にかけて毎週木曜朝刊に5回にわたって連載した「一から分かる北方領土の歴史」を加筆・修正したものです。

1 「固有の領土」か「大戦の結果」か

第2次大戦末期から70年以上、未解決のまま残されてきた日本と旧ソ連の継承国ロシアとの間の北方領土問題。安倍晋三首相とプーチン大統領は2018年11月、平和条約締結後の歯舞群島と色丹島の日本への引き渡しを明記した1956年の日ソ共同宣言を基礎に交渉を加速することで合意した。首相は2019年を日ロ関係の重要な年と位置づけている。そもそも北方領土問題はどのようにして生まれ、長年どのような交渉が行われてきたのか。あらためて歴史をひもといた。

（則定隆史）

樺太と千島交換

「択捉島、国後島、色丹島及び歯舞群島から成る北方四島は（中略）いまだか

つて一度も外国の領土となったことがない我が国固有の領土です」

外務省が発行する冊子「われらの北方領土」の冒頭には、こう書かれている。

その根拠の一つは、日本とロシアの間で国境線を初めて定めた１８５５年の日露通好条約だ。ロシアのプチャーチン提督が、日本との国境画定や貿易開始を求めて静岡県下田に来航。択捉島とウルップ島（得撫島）の間に国境線を引き、ウ

北方領土に関わる主な歴史
（1855 ～ 1945 年）

1855 年		日本とロシアが日露通好条約（下田条約）を結ぶ
1875 年		日ロ両国が樺太・千島交換条約を締結
1904 年		日露戦争が始まる
05 年		日ロ両国がポーツマス条約を結び、日露戦争が終結
17 年		ロシア革命
22 年		ソ連が誕生
41 年	4 月	日ソ両国が中立条約に調印
	12 月	日本が米国と英国に宣戦布告。太平洋戦争が開戦
45 年	2 月	米国、英国、ソ連の首脳がヤルタ協定に署名
	8 月 9 日	日ソ中立条約を無視してソ連が対日参戦
	8 月 14 日	日本がポツダム宣言を受け入れ
	8 月 28 日～9 月 5 日	ソ連が北方領土を占領

ルップ島以北に連なる千島列島はロシア領とすることが条約で定められた。

両国はその20年後の1875年（明治8年）に両国の住民が混在していた樺太（サハリン）を日本が放棄する代わりに、ロシアから千島列島を譲り受ける樺太・千島交換条約を結んだ。さらに30年後の1905年（明治38年）、日露戦争終結時のポーツマス条約で、日本は南樺太を譲り受けた。

両国間で結ばれたこれら三つの条約で、四島はいずれも日本領に含まれる。日本政府が四島を「固有の領土」だと強調するのは、こうした歴史的背景がある。

しかし、ロシア側でこうした歴史は一般的に知られていない。ロシア政府が、ロシア語名で南クリールと呼ぶ北方領土は「**第2次世界大戦の結果、正当にロシアの領土になった**」と主張しているからだ。

ヤルタ協定　日ロ対立の芽

その最大の根拠は第2次大戦末期の45年（昭和20年）2月、米英ソ首脳がクリミア半島ヤルタで結んだヤルタ協定にある。協定ではソ連が日本との戦争に参加

する見返りとして、南樺太を返還し、千島列島を引き渡すと約束した。ソ連は同年８月、当時まだ有効だった日ソ中立条約を無視し、日本との戦争に参加。日本がポツダム宣言を受け入れ、無条件降伏を表明した後も侵攻を続け、四島をすべて占領した。

プーチン大統領は戦後60年の２００５年、「四島はロシアの主権下にある。これは大戦の結果だ」と公の場で初めて語った。２０１３年には、ヤルタ協定を「長い平和の期間が保証された」と高く評価した。

一方、日本側は①協定は密約で、領土問題の最終的な処理を決定したものではない②日本は協定に参加していない――として有効性を認めていない。このため四島は「不法占拠」されたとして返還を求めてきた。

「歴史的な（主張をぶつけ合う）ピンポンをやめるべきだ」。２０１６年12月に来日したプーチン氏は、安倍首相との会談後の共同記者会見で、こう訴えた。四島が「固有の領土」だとして、返還を求め続ける日本側への不満が背景にある。

首相も２０１８年11月のプーチン氏との会談で「あなたは歴史的なピンポンをやめようと言った。私もそう思う」と語った。会談後、首相や河野太郎外相は記

日露通好条約（下田条約）—1855年

日ロ両国が初めて国境を画定。択捉島とウルップ島（得撫島）の間に国境線を引いた。樺太（サハリン）には国境線を引かず、両国民が混住する形に

樺太・千島交換条約 —1875年

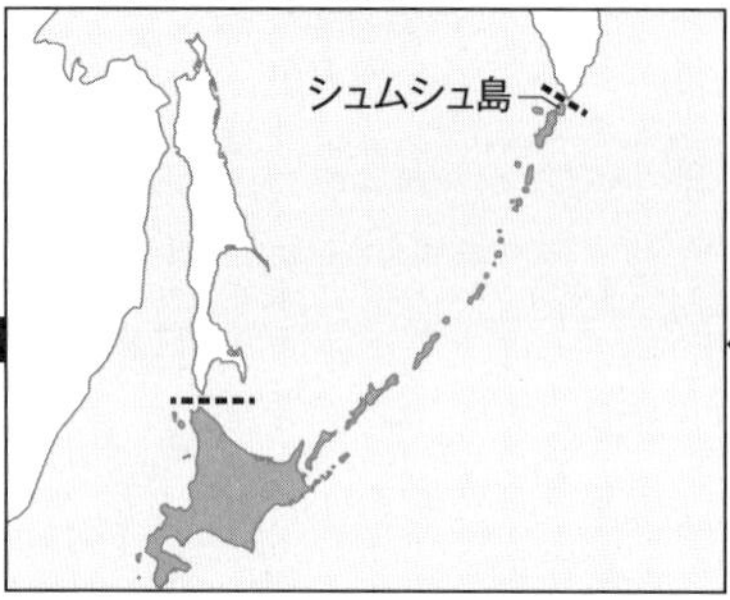

日本がロシアに対して樺太を放棄する一方、千島列島のシュムシュ島（占守島）からウルップ島までが日本領に

者会見や国会答弁で「固有の領土」「不法占拠」などの表現を避けている。

ただ、ロシアのラブロフ外相は2019年1月14日の河野氏との会談後、「**大戦の結果の全てを日本が承認することが第一歩だ**」と強調。戦勝国として四島のロシア領有の正当性を譲らない構えだ。

日本側には、平和条約締結交渉を進めるためにロシア側への刺激を避けたい思惑がにじむ。ただ、北方領土返還を求める根拠となってきた歴史認識で譲歩すれば、日本の立場を弱めることにもつながりかねない。

「固有の領土」か「大戦の結果」か――。歴史認識を巡る隔たりは、平和条約締結交渉の行方を左右する高いハードルとなっている。

ソ連が北方四島を占領 —1945年8月〜9月

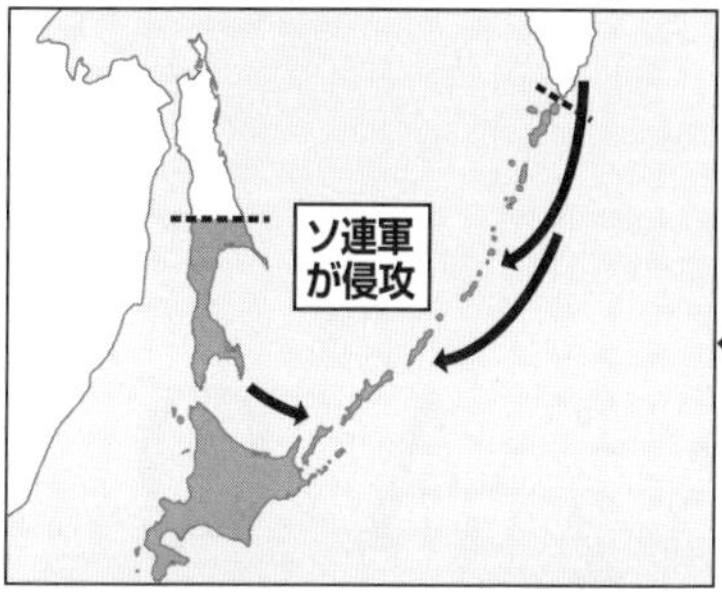

ソ連軍は8月28日に択捉島に侵攻。9月1日から国後島、色丹島、歯舞群島にも侵攻し、5日に北方四島の占領を完了。日本は9月2日に降伏文書に調印

ポーツマス条約 —1905年

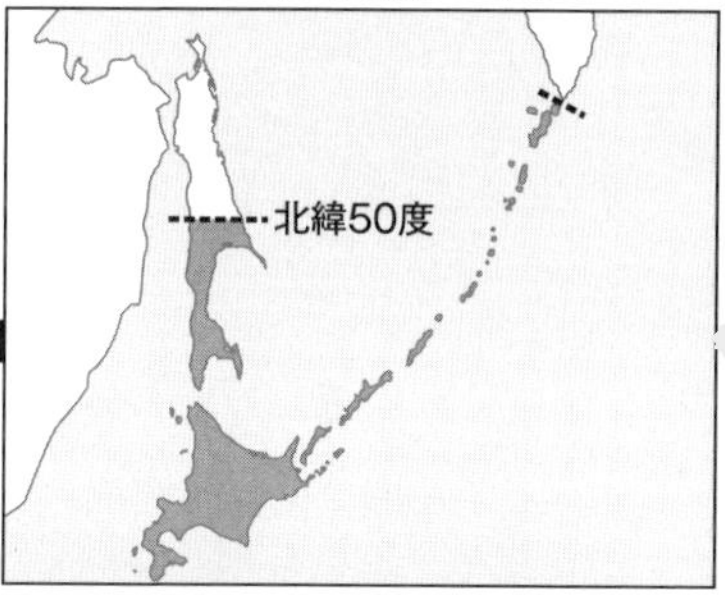

樺太の北緯50度より南側が日本の領土になる。日本は豊原（ユジノサハリンスク）に樺太庁を設置して統治を開始

第2次世界大戦の連合国だったルーズベルト米大統領(中央)、チャーチル英首相(左)、ソ連のスターリン共産党書記長がクリミア半島ヤルタで署名した秘密協定

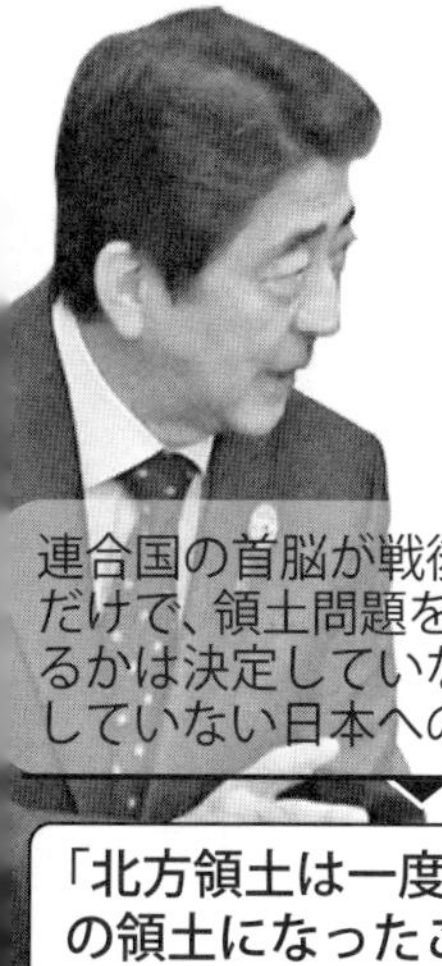

連合国の首脳が戦後の方針を述べただけで、領土問題を最終的にどうするかは決定していない。協定に参加していない日本への拘束力もない

「北方領土は一度も他国の領土になったことがない日本固有の領土」

ソ連が連合国に味方して対日戦に参加する見返りに、日本の敗戦後にソ連に南樺太を返還し、千島列島を引き渡すことを明記している

「第2次世界大戦の結果、北方四島はロシアの領土の一部となった」

日ロ双方の公式的な立場

歴史的なピンポンをやめるべきだ

Q 日本とロシアの最初の国境線は、なぜ択捉島とウルップ島（得撫島）の間に引かれたの?

A 日本は17世紀から、当時の松前藩が徐々に北方四島の統治を進めていました。ロシアもカムチャツカ半島から千島列島への進出を図っていましたが、日本外務省は「ウルップ島より南にまで勢力が及んだことは一度もない」と主張しています。

ロシア側は日露通好条約を巡る交渉に、択捉島以北のウルップ島までを自国領とする方針で臨みました。当時、ロシアは1853年に始まった英仏とのクリミア戦争で疲弊し、アジアへの東方進出を強めていました。毛皮などの輸出先だった中国との貿易が不振だったこともあり、日本との国境画定と通商開始を急いでいたとみられます。

Q 樺太・千島交換条約は、なぜ行われたの？

A 日露通好条約では樺太（サハリン）の国境線を定めず、両国民混住の場所としましたが、日ロ間の紛争が相次ぎました。明治政府内には北海道開発に注力するために、より中央から遠い樺太を放棄すべきだとの意見もあり、１８７５年（明治８年）に日本が樺太を譲り、千島列島を獲得することでロシア側と合意しました。

Q なぜヤルタ協定で、ソ連に千島列島を引き渡すことが約束されたのですか？

A 当時、まだ原子爆弾の開発に成功していなかった米国のルーズベルト大統領は日本との戦争で米軍の犠牲を最小限にするため、ソ連に対日参戦を強く求めていました。欧州側でドイツとの戦いに集中していたソ連にとり、日本は直接的な脅威ではな

なぜソ連に千島引き渡し？

かったため、スターリン共産党書記長は対日参戦に国民の理解を得るため千島列島の引き渡しを要求したと言われています。

１９４１年（昭和16年）の日ソ中立条約は、両国が互いの領土を侵略しないことを約束しており、ソ連の参戦は違反です。ただロシア側は、参戦は連合国の米英などから要請を受けたものであり、軍国主義日本が起こした戦争を終結させるためだったなどとして正当化しています。大戦の敵国に対して連合国がとった行動を「無効または排除するものではない」と明記した国連憲章第１０７条（敵国条項）なども理由に、四島は大戦の結果、国際法に基づいて自国領になったというのがロシアの立場です。

Q 米国はヤルタ協定を巡るロシアの主張を支持しているのですか？

A 米政府は56年に発表したヤルタ協定についての公式見解（国務省覚書）で「署名した国の首脳が共通の目的を述べ

たものにすぎず、領土を移転する法律的効果を持つものではない」としています。２００５年には、ブッシュ大統領（当時）が、同協定について、東西冷戦などを生んだとして「史上最大の過ちの一つ」と批判しました。しかし、近年、愛国ムードが高まるロシアでは、連合国の一員として大戦に勝利した証しと言える同協定を評価する声が強まっているのが実情です。

対日参戦の見返り

2 「四島」「2島」揺れた日本

第2次世界大戦の終戦期に旧ソ連に占領された北方四島。日本はその返還を求めてきたが、東西冷戦で米国と旧ソ連が激しく対立する中、交渉方針は大きく揺れ動いてきた。１９５６年の日ソ共同宣言で両国は国交を回復したが、その後、日米安保条約改定に旧ソ連が反発し、領土問題は長く停滞。日本と旧ソ連の継承国ロシアは２０１８年、平和条約締結後に歯舞群島と色丹島を日本へ引き渡すとした同宣言を基礎に交渉を加速することで合意したが、日本の同盟国・米国の存在が交渉に影響する構図は今も変わっていない。（十亀敬介）

冷戦期　米国の影響力

「日本国は、千島列島（中略）に対するすべての権利、権原及び請求権を放棄

する」

１９５１年９月、日本と連合国の間で第２次世界大戦の戦争状態を終結したサンフランシスコ講和条約。吉田茂首相が署名した条約の第２条にはこう記されている。

ただ、どこからどこまでが千島列島に当たるのかは条約には書かれていない。

北方領土に関わる主な歴史
（1950 年代～ 80 年代末）

1951 年 9 月	日本がサンフランシスコ講和条約に調印
55 年 6 月	日ソ両国が平和条約交渉を開始
56 年 8 月	ダレス米国務長官が、日本が歯舞、色丹の２島返還でソ連と平和条約を締結すれば、沖縄を米国領にすると圧力（ダレスの恫喝）
10 月	日ソ共同宣言に署名
60 年 1 月	日米安保条約改定
73 年 10 月	田中角栄首相が日本の首相として 17 年ぶりにソ連訪問
81 年 1 月	日本政府が閣議了解で、日露通好条約の調印日である２月７日を「北方領土の日」に。ソ連が反発
85 年 3 月	ソ連最高指導者の共産党書記長にゴルバチョフ氏が就任
89 年 12 月	米ソ両首脳が冷戦終結を宣言

北方領土を含む千島列島は旧ソ連が実効支配していたが、条約上はどの国に属するのかも明記されなかった。冷戦下で米国などと対立を深めていた旧ソ連が、条約に署名しなかったこともあり、四島の主権問題はあいまいな形になった。

日本が放棄した千島列島はどこを指すのか。条約に署名した翌月の国会で、外務省の西村熊雄条約局長は「**北千島と南千島（国後、択捉）の両者を含む**」と答弁している。つまり四島のうち歯舞、色丹以外の2島は、千島列島に含まれるというのが当時の日本政府の公式的な立場だった。

日本は、サンフランシスコ講和条約に署名しなかった旧ソ連との間で、55年6月に平和条約締結交渉をスタートする。当初、日本側の松本俊一全権代表に政府が託した交渉方針は、①まず南樺太、全千島の返還を要求②それが難しい場合は歯舞、色丹の返還を求める――だった。「2島返還」による決着を容認していた。

「先送り」で調印

その方針は一変する。55年8月に旧ソ連側が歯舞、色丹の2島引き渡しを提案

すると、日本側は国後、択捉を含む四島返還を要求。交渉は暗礁に乗り上げ一時中断した。

日本の方針転換の背景には、政界内に対米関係を重視し、日ソ国交正常化に慎重な意見が根強かったことがある。同年11月に民主、自由両党の合同で誕生した自民党は「四島返還」の方針を党議決定。翌年2月には森下國雄外務政務次官が「**放棄した千島列島に国後、択捉は含まれない**」と声明を出し、政府見解を明確に変える。米政府も四島返還を堅持するよう日本側に圧力をかけた。

歯舞、色丹の2島以上は譲らない旧ソ連との交渉は難航した。ただ、日本にとって戦後、シベリアなどに抑留されたままの日本兵の帰還や国連加盟の実現のためにも、旧ソ連との国交回復は不可欠だった。このため、鳩山一郎首相が56年10月にモスクワを訪れ、領土問題の解決を先送りする形で署名したのが日ソ共同宣言だ。

「日本の要望にこたえかつ日本の利益を考慮し、歯舞群島及び色丹島を引き渡すことに同意する。ただしこれらの諸島は日本とソ連の間の平和条約が締結された後に現実に引き渡されるものとする」

同宣言の第9項には、旧ソ連が平和条約締結後に歯舞、色丹2島を引き渡すことが書かれている。一切触れられていない国後、択捉両島の主権問題について協議継続を求める日本と、歯舞、色丹2島の引き渡しで最終決着とする旧ソ連の立場の違いは残ったが、この宣言によって両国の戦争状態は終結、国交が回復した。

米軍撤退も条件

しかし、3年余りで両国間に深刻な溝ができる。60年1月に日本が米国との安保条約を改定し、日米同盟が強固になることに、旧ソ連が猛反発したのだ。

「ソ連政府は、日本領土からの全外国軍隊の撤退及び日ソ間平和条約の調印を条件としてのみ、歯舞及び色丹が（中略）日本に引き渡されるだろうということを声明する」

旧ソ連が同年1月に発表した「対日覚書」は、日本からの米軍撤退を2島引き渡しの条件に追加。これに対し日本側は「一方的な条件変更はできない」と反発し、「四島一括返還」を主張する。冷戦が深刻化するにつれ、日本は「四島即時

(1)　11版　第5074号　北海道新聞　昭和31年10月20日

日ソ復交共同宣言に調印

北海道新聞

通商議定書も同時に

11年ぶり、戦争状態終結

【モスクワ十九日 本社特派員発】

日ソ共同宣言

歯舞 色丹 返還の原則明記

抑留者送還、不明者は調査

外務省、共同宣言など発表

極東平和に貢献

両首相あいさつ 友好関係発展を信ず

貿易拡大へ努力

相互に最恵国待遇与

通商航海の暫定取決めに関する議定書

社説 日ソ交渉妥結と今後の課題

冗談をとばす

正露丸

北海道新聞1956年10月20日朝刊1面

一括返還」、旧ソ連は「領土問題は存在しない」と態度を一層硬化し、交渉は長きにわたり停滞する。

安倍晋三首相とロシアのプーチン大統領は2018年11月、日ソ共同宣言を基礎に領土交渉を加速することで合意した。ただ、米国と対立するロシアは日本に島を引き渡した場合、日米安保条約に基づき米軍が展開する可能性などに懸念を示す。領土問題の解決は、冷戦時代からの対立を乗り越えられるかにもかかっている。

■東西冷戦期、日ソ両国の北方領土を巡る立場は揺れ動いた

日本の立場

択捉、国後2島は放棄した千島列島に含まれる → 歯舞、色丹の2島返還 → 択捉、国後は千島列島に含まれない

■サンフランシスコ講和条約（1951年9月）

第2次大戦を最終的に終結するため日本と連合国の間で結ばれた条約。日本は千島列島と南樺太を放棄したが、千島列島の範囲は定義されず、その帰属先も明示しなかった。ソ連は調印を拒否

■日ソ共同宣言（1956年10月）

鳩山一郎、ブルガーニン両首相がモスクワで調印。両国の国会で批准された唯一の法的文書で、条約と同等の効力を持つ。第9項に平和条約締結後に歯舞、色丹2島を日本に引き渡すことを明記したが、国後、択捉両島には触れられていない

旧ソ連の立場

クリール諸島（千島列島と北方領土）は自国領 → 歯舞、色丹の2島引き渡し

四島返還（歯舞、色丹2島の返還と残り2島の継続協議）

四島一括返還

四島即時一括返還

共同宣言で実現したことは

＊両国が戦争状態を終結し、国交を回復

＊旧ソ連が日本の国連加盟を支持し、同年12月に加盟

＊シベリアなどに抑留された日本人の帰還

領土問題は四島返還を求める日本と、2島決着を主張するソ連が譲らず、解決できず

■日米安保条約改定（1960年1月）

岸信介首相（写真左）がアイゼンハワー大統領（同右）と署名。米国の対日防衛義務を明記し、対象を「日本国の施政下」にある地域と明記。ソ連が反発し、歯舞、色丹の返還条件として、全外国軍隊の日本からの撤退を一方的に要求

冷戦が激化

条件付き2島引き渡し

領土問題は存在せず

日ソ交渉　なぜ米が干渉？

Q 旧ソ連はなぜサンフランシスコ講和条約への署名を拒否したの？

A 旧ソ連は1945年（昭和20年）のヤルタ協定で、同国への千島列島の引き渡しを米英両国と密約していました。ただ米国主導でつくられたサンフランシスコ講和条約は、初期の草案段階で千島列島の帰属先を旧ソ連としたものの、最終的には明示しませんでした。東西冷戦が強まる中、旧ソ連と日本の間に領土問題を残した方が得策と判断した米国の意向とみられています。こうした米国への反発もあり、旧ソ連は署名を拒否しました。

Q 日ソ共同宣言を巡る交渉にも、米国は関わっているのですか。

A ダレス米国務長官は日ソ交渉が最終盤の56年8月、歯舞、色丹2島返還での決着に傾いていた重光葵《まもる》外相に「国後、択捉をソ連領と認めたら沖縄を返さない」と圧力をかけました。「ダ

レスの恫喝《どうかつ》」と言われています。当時、沖縄を統治していた米国には、旧ソ連が島を返せば沖縄の返還要求も強まり、日本の対米感情が悪化する懸念がありました。米国は同年9月に「択捉、国後両島は常に固有の日本領土の一部」との見解も発表し、日本が妥協しないよう迫っています。

Q 旧ソ連は日ソ共同宣言を巡る交渉で、なぜ歯舞、色丹両島の引き渡しを提案したの?

A 旧ソ連の最高指導者スターリンは対日強硬姿勢で知られましたが、後を継いだフルシチョフ共産党第1書記は、米国に対抗するために日本との関係改善に前向きでした。2島引き渡しは領土問題で一定の譲歩をすることで、日本を取り込む狙いでした。サンフランシスコ講和条約で日本が放棄した千島列島に歯舞、色丹両島は含まれておらず、旧ソ連にとって国後、択捉両島のように「絶対に返さない」と主張する根拠が弱かった面もあるでしょう。

沖縄返還に波及警戒

3 日本 生かせなかった好機

北方領土問題は東西冷戦下で長く停滞が続いたが、冷戦が終結し1990年代に入ると、日ロ首脳の往来が活発化し、領土交渉の扉が開いた。91年の旧ソ連崩壊後、ロシアは経済危機や政治の混迷が続き、日本は交渉で有利な立場にあった。領土問題の解決に向け、さまざまな首脳合意や解決策が出されたが、一貫して四島返還を求める日本に対するロシアの警戒感は根強く、「好機」は生かせなかった。

（水野薫）

混迷するロシア

「歯舞群島、色丹島、国後島及び択捉島の帰属について双方の立場を考慮しつつ（中略）詳細かつ徹底的な話し合いを行った」

89年の冷戦終結から約1年半後の91年4月、旧ソ連の最高首脳として初めて来日したゴルバチョフ大統領が海部俊樹首相と署名した「**日ソ共同声明**」には、こう明記された。

冷戦時代、旧ソ連は米国と激しく対立し、その同盟国・日本に対しても「領土

北方領土に関わる主な歴史
（1980年代末～90年代末）

1989年	12月	米ソ両首脳が冷戦終結を宣言
91年	4月	ゴルバチョフ大統領が初来日。日ソ共同声明
	12月	ソ連崩壊。ロシア連邦が誕生
92年	3月	ロシアのクナーゼ外務次官が領土問題で非公式提案
	4月	北方四島ビザなし交流がスタート
93年	10月	エリツィン大統領が来日。東京宣言
97年	7月	橋本龍太郎首相が「対ロ外交・新3原則」を提唱
	11月	橋本、エリツィン両首脳がクラスノヤルスクで非公式会談
98年	4月	エリツィン氏が来日し、橋本氏と会談。川奈提案
	10月	北方四島周辺海域での安全操業がスタート
	11月	小渕恵三首相が首相として25年ぶりにロシアを公式訪問。モスクワ宣言
99年	9月	四島の元島民や家族が古里を訪れる「自由訪問」がスタート
	12月	エリツィン氏が辞任。プーチン首相が大統領代行に就任

日本と旧ソ連・ロシアの主な提案・合意

日本の首相	海部俊樹氏（～1991年11月）	宮沢喜一氏（～93年8月）	細川護熙氏（～94年4月）	羽田孜氏（～94年6月）
旧ソ連・ロシアの最高首脳	ゴルバチョフ氏（～91年12月）			

日ソ共同声明（91年4月）

ゴルバチョフ大統領が初来日し、海部俊樹首相と会談。公式文書で北方領土問題の存在を認める

初来日し、特別機から降りるゴルバチョフ大統領とライサ夫人＝91年4月

ソ連崩壊

クナーゼ提案（92年3月）

ロシアのクナーゼ外務次官が非公式に提案。歯舞、色丹2島を引き渡す協定を結び、その後、残る国後、択捉2島の扱いを交渉し、まとまれば平和条約を締結する内容。四島返還が担保されていないとして日本側は拒否

東京宣言（93年10月）

エリツィン大統領と細川護熙首相が署名。北方四島の帰属問題について歴史的・法的事実に立脚し、両国間の過去の合意文書と法と正

東京宣言などに署名するエリツィン大統領と細川護熙首相＝93年10月

問題は解決済み」と強硬な姿勢を続けた。同声明で、四島の島名を挙げ、日ソ間に領土問題があることを認めたのは、旧ソ連側の姿勢の軟化を表していた。

ただ、ゴルバチョフ氏は、平和条約締結後に日本に歯舞、色丹2島を引き渡すとした56年の日ソ共同宣言の有効性は認めなかった。国内経済の混乱や民族問題を抱え、自らの政権基盤が揺らぐ中、軍や保守派の反発を恐れたためだ。同声明の8カ月後に旧ソ

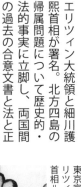

小渕恵三氏（～2000年4月）	橋本龍太郎氏（～98年7月）	村山富（～96年

エリツィン氏（～99年12月）

し、平和条約を早期に締結するために交渉を継続することで合意

クラスノヤルスク合意（97年11月）

橋本龍太郎首相がエリツィン氏との会談で、東京宣言に基づき2000年までの平和条約締結に全力を尽くすことで一致

川奈提案（98年4月）

橋本首相がエリツィン氏に静岡県川奈での会談で提案。択捉島とその北側のウルップ島の間に国境線を画定し、返還時期などは別途協議する内容。事実上の四島返還だとして、その後ロシア側が拒否

川奈会談を終え、肩を組んで握手する橋本龍太郎首相とエリツィン大統領＝98年4月

モスクワ宣言（98年11月）

小渕恵三首相とエリツィン氏が署名。四島での共同経済活動と、国境画定について議論する二つの委員会を設置したが、協議は進展しなかった

会談を前に握手する小渕恵三首相とエリツィン大統領＝98年11月

連は崩壊。ゴルバチョフ氏は辞任し、継承国ロシアが誕生した。

エリツィン政権誕生直後の92年、国力が低下し、大幅なインフレなどの経済危機に苦しむロシアは、日本に歩み寄る。コズイレフ外相が渡辺美智雄外相に非公式に示した「**クナーゼ提案**」だ。内容は非公表だが、日ソ共同宣言に従い歯舞、色丹2島を日本に引き渡す協定を結んだ後、国後、択捉2島の扱いを協議し、交渉がまとまれば平和条約を

結ぶ案だったとされる。同宣言で触れられなかった国後、択捉両島の帰属も事実上の交渉対象とするなど踏み込んだ譲歩案だった。

しかし、四島返還を求める日本側は、国後、択捉両島の返還が保証されていないとして、提案を真剣に検討しなかった。立案したクナーゼ外務次官も国内の保守派から「裏切り者」などと批判を受け失脚、提案は立ち消えとなった。

経済協力と並行

四島返還を目指す日本側が重視してきたのが、エリツィン氏と細川護熙《もりひろ》首相が署名した93年の「**東京宣言**」だ。宣言は四島の帰属問題の存在を認め、「法と正義の原則」を基礎に解決することをうたった。日本政府は「法」は法的拘束力のある日ソ共同宣言、「正義」は四島が外国の領土になったことがない歴史的事実を指すと解釈。同宣言によってロシア側が国後、択捉両島も交渉対象だと認めたと主張してきた。「四島の帰属問題を解決して平和条約を締結する」という現在の日本政府の基本方針も、東京宣言に沿ったものだ。

日本側も強気一辺倒ではなかった。冷戦時代は「四島一括返還」を掲げ、「政経不可分」として経済協力にも慎重だったが、96年には経済や安全保障分野などの協力を領土交渉と並行して進める「重層的アプローチ」に転換。97年には橋本龍太郎首相が対ロ外交の新三原則として「信頼」「相互利益」「長期的視点」を打ち出した。

主権問題で対立

橋本氏は97年、エリツィン氏との「**クラスノヤルスク合意**」で、２０００年までに平和条約締結を目指すことで合意。翌１９９８年４月、静岡県川奈での首脳会談で、四島を日本の領土として国境を画定すれば、返還時期などには柔軟に対応する「**川奈提案**」を極秘に行った。

エリツィン氏は橋本氏との会談後の記者会見で、提案に興味を示したが、同年11月にロシアを公式訪問した小渕恵三首相との会談で拒否する考えを伝える。日本にとっては、ロシア側に当面の間、四島の施政権を認めることも想定した思い切った提案だったが、事実上の四島返還だけに、ロシア政府内には反対論が強かった。

川奈提案を拒否する一方、エリツィン氏は四島での日ロの共同経済活動を提案。小渕氏と署名した**「モスクワ宣言」**に盛り込まれたが、主権問題を巡って対立し、ほとんど進展しなかった。その後、2000年代に入って経済危機から脱したロシアは、領土問題で強硬姿勢を強めていくことになる。

（1）　北海道新聞　1998年（平成10年）4月19日（日曜日）

四島帰属 平和条約で解決

北海道新聞

発行所
北海道新聞社
札幌市中央区大通西3丁目6
電話 011(221)2111 〒060-8711
©北海道新聞社1998

号外

日ロ首脳が一致

大統領 天皇を公式招請

川奈会談

２回目の会談をする橋本首相（右）とロシアのエリツィン大統領＝19日午前９時22分、静岡県伊東市の川奈ホテル（代表撮影）

橋本竜太郎首相とロシアのエリツィン大統領は十九日午前、静岡県伊東市川奈のホテルなどで第二回の非公式首脳会談を行った。橋本首相は会談後の会見で、二〇〇〇年までの締結を目指している日ロ平和条約について、「北方四島の帰属問題の解決を内容とし、二十一世紀に向けての友好、協力の原則を盛り込んだものとなるべきとの考えで一致した」と表明、平和条約に領土の主権の帰属を明記することを初めて鮮明にした。またエリツィン大統領は「リュウ（橋本首相）から追加的に、興味ある提案が打ち出された」と述べた。内容は会見で明らかにしなかったが、日本側は北方領土の北側に国境線を引く国境線画定論を提案したとみられる。

首相の「追加提案」について大統領は「良く検討しなければならず、すぐには答えられないが、楽観的な気持ちを抱いている」と述べた。

ただ大統領は「私は（一九九三年の）東京宣言、（九〇年の）五段階解決論から後退していない」と、領土問題解決への意欲を表明した。

また大統領は天皇、皇后両陛下のロシア訪問を正式に招請した。

日本は一九五一年のサンフランシスコ平和条約で北方四島を除く千島列島と南樺太（サハリン南部）を放棄したが、ロシア（当時ソ連）との国境は定まっていない。日本は従来、四島について「ロシアの不法占拠」として「四島返還」を要求してきたが、橋本首相は今年の年頭記者会見で、「大事なことは四島がわが国の領土として画定されることだ。国境線のない平和条約はない」と述べ、ロシア国内の強い返還反対論に配慮して、平和条約交渉で北方四島の国境線画定を目指す考えを示していた。

詳しくは北海道新聞をご覧ください。
購読申し込み専用
0120-464-104

共同会見（要旨）

橋本首相とエリツィン大統領の領土問題に対する共同記者会見要旨は次の通り。

平和条約が、東京宣言第二項に基づいて四島の帰属の問題を解決することを内容とし、二十一世紀に向けて日ロの友好協力に関する原則などを盛り込むことになるべきとした点で一致。

クラスノヤルスク合意の実質的前進及び、そのための作業加速化を図るという決意の下に次の平和条約締結問題日ロ合同委員会次官級分科会を近く開催する。

静岡県川奈での首脳会談を報じる北海道新聞号外＝1998年4月19日

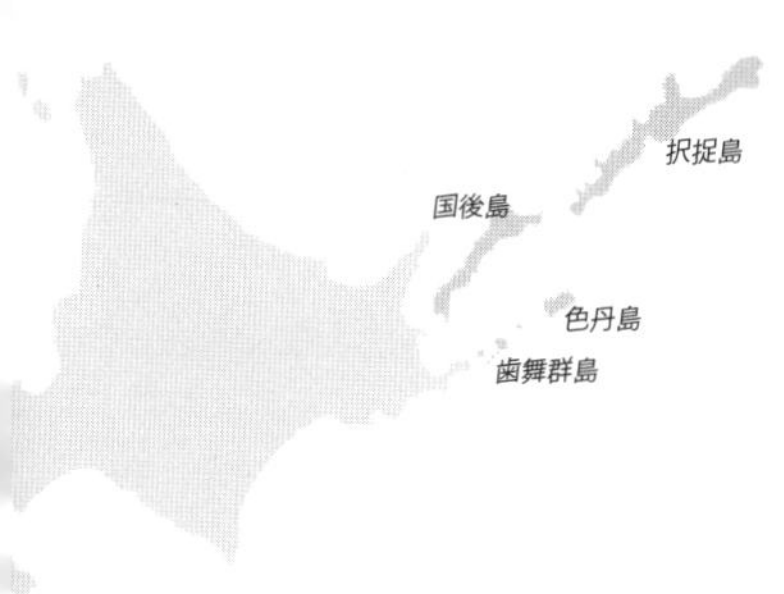

interview

遠い信頼「解決」遠ざかる

国士舘大
ヤコフ・ジンベルグ教授

ウクライナ生まれ。レニングラード大東洋学部卒、米プリンストン大大学院修了。北海道大講師などを経て2007年から現職。国際関係論。67歳。

エリツィン大統領は就任当初の1990年代前半、日本との経済協力を強く望んでいました。米国との関係も悪くなく、北方領土交渉の進展には多くのチャンスがありました。しかし、日本は冷戦終結後もしばらく、領土問題の進展がなければ経済協力を進めない「政経不可分」の方針を続けました。両国がより早い時期から、経済をてこに信頼関係を築けなかったことが北方領土問題の解決を遠ざけたと思います。

日本が方針転換した90年代半ば、ロシアは経済の低迷や政治家の汚職で、既にエリツィン氏の求心力は落ちていました。エリツィン氏が当時、もし北方四島の北側に国境線を画定する「川奈提案」を認めても、ロシア議会や南クリール（北方領土）を事実上管轄するサハリン州で反対運動が起き、世論が受け入れなかったでしょう。

旧ソ連の崩壊後、サハリン州は漁業基地として発言権を強めました。四島についてロシア国内で報道される機会が増え、「東の果ての小さな島」と考える人は減り、領土問題で譲歩すべきではないと多くの人が考えるようになりました。

また、バルト3国など旧ソ連圏の国が独立したことで、ロシアは海洋に通じる多くの港を失いました。保有する港の大半は北極海に面しており、冬は凍ってしまいます。太平洋とオホーツク海を結ぶ航路の出入り口に位置する北方四島は軍事的な重要性が増しました。

ロシアは経済的に困窮した90年代ですら過度な譲歩をしませんでし

た。安倍政権が進める極東開発や四島における日ロ共同経済活動で、領土問題の解決を目指すことは難しい。今やロシアが経済大国として見ているのは中国であり、対米戦略でも中ロは思惑が一致しています。

近年は冷戦後、最悪と言われるほど米ロ関係が深刻化し、領土問題の解決はより難しくなっています。米国と強固な同盟関係にある日本に対しては、56年の日ソ共同宣言に明記された平和条約締結後の歯舞、色丹両島の引き渡しを実現することでさえ容易ではないでしょう。

4 「冬の時代」 本格交渉遠のく

日ロ両国の北方領土交渉は、2000年代に入って迷走した。プーチン大統領の就任後、双方が歩み寄りの動きを見せたが、日本側の国内政治の混乱もあって交渉は行き詰まる。ロシアは天然ガスなど豊かなエネルギー資源をてこに経済成長を果たすにつれ、領土問題で態度を硬化。一方の日本は首相が毎年のように代わるなど政権基盤が安定せず、本格交渉に入れない状態が続いた。（津野慶）

日本 政治が混乱／ロシア 態度を硬化

「1956年の日ソ共同宣言は有効だ」。プーチン大統領は初めて日本を公式訪問した2000年9月、森喜朗首相との会談でそう明言した。

日ソ両国の戦争状態を終結した同宣言は、その第9項で、北方四島のうち歯舞

群島と色丹島を平和条約締結後に日本に「引き渡す」と定めている。日本と旧ソ連の国会で批准され条約と同等の効力を持つが、東西冷戦が激化すると旧ソ連は「領土問題は解決済み」と主張するようになる。プーチン氏は、同宣言の有効性

北方領土に関わる主な歴史（2000年代）

2000年9月	プーチン大統領が公式来日し、1956年日ソ共同宣言は有効と発言
2001年1月	在ユジノサハリンスク日本総領事館を開設
3月	森喜朗、プーチン両首脳がイルクーツク声明。森首相が「並行協議」を提案
4月	森首相が北方領土視察。現職首相では81年の鈴木善幸氏以来２人目
2003年1月	小泉純一郎、プーチン両首脳がモスクワで会談。日ロ行動計画を策定
2004年9月	小泉首相が北方領土視察。現職首相では３人目
2005年11月	プーチン大統領が公式来日し、小泉首相と会談。共同文書作成できず
2006年8月	北方四島周辺水域で日本漁船が銃撃され、根室市の乗組員１人が死亡
2008年7月	福田康夫、メドベージェフ両首脳が洞爺湖Ｇ８サミットで会談
2009年2月	麻生太郎、メドベージェフ両首脳がサハリンで会談
2010年11月	メドベージェフ大統領が、旧ソ連・ロシアの元首として初めて北方領土（国後島）を訪問

を初めて公式に認めたロシアの指導者だった。

交渉は動きだす。2000年11月、東南アジアのブルネイで行われた首脳会談で森首相は「段階的な解決も考えている」と表明。歴代政権が目指してきた「四島一括」の主権確認ではなく、同宣言に基づいた歯舞と色丹2島の返還と国後、択捉2島の帰属問題を別々に話し合い、解決していく「並行協議」が念頭にあった。

揺れる協議方針

両首脳が2001年3月に署名した「**イルクーツク声明**」は、日ソ共同宣言が交渉の出発点となる文書だと確認。森首相は並行協議を提案したが、直後の4月、支持率の低迷で退任する。

すると後を継いだ小泉純一郎首相が起用した田中真紀子外相は、領土交渉について「もう一度原点に立ち返り、検討したい」と、並行協議の見直しと「四島一括」による解決を示唆。小泉首相も「2島分離返還でおしまいという誤解を与えたくない」と発言するなど、方針が揺れる。

プーチン氏は２００１年10月の小泉首相との首脳会談で並行協議に同意した。しかし、日本側はその後、並行協議を推進してきた鈴木宗男衆院議員への批判が高まったこともあり、四島一括で主権確認を目指す方針へと逆戻りする。日ソ共同宣言を認め、自ら歩み寄ったと考えるプーチン氏に、日本への強い不信感を植え付けることになった。

小泉、プーチン両首脳は２００３年1月の「**日ロ行動計画**」で、平和条約、経済、防衛、文化など計6分野で関係を深めながら、領土問題解決を目指すことで合意した。しかし、四島一括の主権確認にこだわる日本と、2島返還でも国内に強い反発があるロシアとの隔たりは埋まらない。プーチン氏は２００４年11月、返還の規模について「共通の理解に達しなかった」と表明。小泉首相も同年12月に「なぜ四島を返還しないのか不可解」と不満を示した。

「**四島はロシアの主権下にある。このことは国際法によって裏付けられ、第2次大戦の結果である**」。２００５年9月、公式訪日を控えたプーチン氏は、ロシアの四島領有は大戦の結果だと公の場で初めて表明。強硬路線を鮮明にし、その後のロシアの公式見解となった。

2000年代、領土交渉は模索続くも膠着状態に

日本の首相

森喜朗
2000年4月〜

（平和条約締結後に歯舞、色丹2島引き渡しを明記した）1956年の日ソ共同宣言は有効（2000年9月）

段階的な解決も考えている（2000年11月）

イルクーツク声明（2001年3月）
・森、プーチン両首脳が署名
・日ソ共同宣言が平和条約締結交渉の出発点となる基本的な法的文書であると確認
・森首相は歯舞、色丹の返還条件と国後、択捉の帰属問題を別々に話し合う「並行協議」を提案

小泉純一郎
2001年4月〜

（並行協議について）四島の帰属を明らかにせず、2島分離返還でおしまいという誤解を与えたくない（2001年5月）

日ロ行動計画（2003年1月）
・小泉、プーチン両首脳が署名
・政治対話、平和条約交渉、国際舞台の協力、貿易経済、防衛・治安、文化・国民間交流の6分野の関係発展を明記

ロシア大統領

プーチン
2000年5月〜

安倍晋三
2006年9月〜

福田康夫
2007年9月〜

麻生太郎
2008年9月〜

鳩山由紀夫
2009年9月〜

菅直人
2010年6月〜

野田佳彦
2011年9月〜

本側と）共通の理解に達することがまだできていない（2004年11月）

なぜ（ロシアが）四島を返還しないのか不可解だ（2004年12月）

四島はロシアの主権下にある。このことは国際法で基礎づけられ、第2次世界大戦の結果である（2005年9月）

独創的で型にはまらない新たなアプローチを（2009年2月）

四島は戦後60年以上を経てなおロシアの不法占拠が続いており、極めて遺憾（2009年5月）

極端な立場を離れて柔軟な対応を（2009年9月）

2島返還では国民もわれわれも理解できない（2009年11月）

（北方領土・国後島を訪問し）ここの発展のため、必ず資金を投入する（2010年11月）

（メドベージェフ氏の国後島訪問は）許しがたい暴挙だ（2011年2月）

メドベージェフ
2008年5月〜

冷え切った関係

小泉首相が退任した2006年以降、安倍晋三首相、福田康夫首相、麻生太郎首相と日本の政権は1年ごとにめまぐるしく変わる。ロシア側もプーチン大統領が2期8年の任期を終え、後継のメドベージェフ氏が2008年に就任。プーチン氏が首相となる異例の「タンデム（2人乗り）」政権となった。

2009年2月、日本企業が建設したロシア初の液化天然ガス（LNG）工場がサハリンに完成。日本の首相で初めてサハリンを訪問した麻生太郎首相は、メドベージェフ大統領が事務方に指示した「**独創的で型にはまらない新たなアプローチ**」の検討に賛同した。

しかし、同年5月、麻生首相が「四島はロシアの不法占拠が続いている」と参院予算委員会で発言するとロシア外務省は猛抗議。北方領土問題等解決促進特別措置法の改正案に四島を「わが国固有の領土」と明記したことにも反発した。

2009年9月に民主党政権が誕生し、日ソ共同宣言に署名した鳩山一郎首相

を祖父に持つ鳩山由紀夫首相が就任したが、９カ月で退陣。さらにメドベージェフ氏が２０１０年11月、旧ソ連・ロシアの元首として初めて北方領土を訪れると関係は冷え切った。

日ロ交渉は、２０１２年にプーチン氏が大統領に返り咲くまで「冬の時代」が続く。

ロシア　領土問題を次々と解決
返還一切拒否も

ロシアは２０００年代以降、停滞する日本との北方領土交渉とは対照的に、多くの国と領土問題を解決した。係争地の面積を２等分する柔軟対応の一方、一切返還に応じなかったケースもある。

最大の成果は、２００４年10月に合意した中国との約４３００キロに及ぶ国境線画定だ。19世紀の帝政ロシアと清国との歴史にさかのぼる係

相手国	政府間合意	解決内容
❶中国	2004年	ロシアが実効支配していたアムール川やアルグン川の3島約375平方キロを、面積をほぼ2等分して決着することに合意
❷カザフスタン	2005年	世界最長となる約7600キロの国境線を画定。ガス田を含む係争地の多くで面積を折半するか、同面積の土地と交換する形で決着
❸ラトビア	2007年	旧ソ連時代に併合された約1300平方キロの土地の返還を求めたが、ロシアが拒否。ラトビアが領土を放棄
❹ノルウェー	2010年	北極海とバレンツ海で約17万5千平方キロの係争海域をほぼ2等分することで決着。海底資源を共同開発
❺エストニア	2014年	旧ソ連時代に併合された約2300平方キロの返還を求めたが、ロシアが拒否。エストニアが領土を放棄

争地で、ロシアが実効支配していたアムール川などの三つの島の面積をほぼ折半して解決した。

ロシア住民の別荘や軍施設を自国側に残すなど、互いの利益になるように工夫したのが特徴。経済・軍事分野などで台頭する中国との紛争を避けるために、プーチン大統領が早期決着を望んだとされる。

面積折半方式は２０１０年、石油と天然ガスの埋蔵が見込まれる北極海やバレンツ海で北欧ノルウェーと抱えていた係争地にも採用された。両国は海域の国境画定によって、豊富な地下資源の開発につなげた。

ロシアは旧ソ連圏の国で関係が良好な中央アジアのカザフスタンとも、面積や資源を２等分する形で２００５年に国境を画定している。

一方で旧ソ連から独立し、欧州連合（ＥＵ）加盟国となったバルト３国のラトビアとエストニアには、旧ソ連時代に併合した土地の返還に応じなかった。エストニアは、併合は第２次大戦中に一方的に行われたとして返還を求めたが、ロシアは「正当な編入」という歴史認識を譲らなかった。

5 「2島」転換も 埋まらぬ溝

２０１２年、ロシアはプーチン大統領が復帰、日本では第２次安倍政権が誕生し、北方領土交渉は再び動きだす。ウクライナ危機で関係は一時冷え込むが、安倍晋三首相は２０１６年にプーチン氏と北方四島での共同経済活動の検討開始に合意。２０１８年11月には１９５６年の日ソ共同宣言を基礎に平和条約締結交渉を加速させることで一致し、歴代政権が目指した四島返還から、歯舞群島と色丹島の２島返還を軸にした交渉へとかじをきった。だが、ロシアとの溝は埋まらず、交渉は長期化の様相を強めている。

（則定隆史）

強硬ロシア　交渉長期化か

「領土問題を解決し、平和条約を結びたい。日ロ関係は世界の2国間関係の中で、

最も可能性を秘めている」。２０１２年12月、民主党から政権奪取後、初めて地元の山口入りした安倍首相は、北方領土問題解決に強い意欲を表明した。

伏線は９カ月前にあった。「**われわれには妥協が必要。それは『引き分け』のようなものだ**」。プーチン氏は大統領に返り咲く直前の２０１２年３月、愛好す

北方領土に関わる主な歴史（第２次安倍政権以降）

2012年	12月	第２次安倍政権が発足
2013年	4月	安倍首相が公式訪ロ。日ロ共同声明に署名し、平和条約締結交渉の再開で合意
	11月	初の日ロ外務・防衛閣僚協議（２プラス２）
2014年	2月	安倍首相がソチ冬季五輪開会式に出席
	3月	ロシアがウクライナ南部クリミア半島を一方的に編入。日本が対ロ制裁を発動
2015年	8月	メドベージェフ首相が択捉島を訪問
2016年	5月	ソチで首脳会談。平和条約締結交渉を「新しいアプローチ」で進めることに合意
	12月	プーチン大統領が来日。北方四島での共同経済活動の検討で合意
2017年	9月	元島民らが航空機による初の北方領土墓参
2018年	9月	プーチン氏が東方経済フォーラムで前提条件なしの平和条約年内締結を提案
	11月	日ロ首脳が日ソ共同宣言を基礎に平和条約締結交渉を加速させることで合意

第２次安倍政権以降

■安倍晋三首相とプーチン大統領の領土交渉を巡る動き

「引き分け」発言（2012年3月）

プーチン氏が外国メディアとの会見で「（領土問題は）『ヒキワケ』のような妥協が必要だ。『（交渉）始め！』の号令をかけよう」と発言

↓

日ロ共同声明（2013年4月）

平和条約締結に向け「双方に受け入れ可能な解決策」を目指すことなどを明記

↓

新たなアプローチ（2016年5月）

安倍首相が四島での共同経済活動と、８項目の経済協力プランを提案

↓

四島共同経済活動の検討で合意（2016年12月）

共同経済活動の優先５分野

①海産物の増養殖
②温室野菜栽培
③島の特性に応じたツアー開発
④風力発電の導入
⑤ごみの減容対策

共同経済活動に向け国後島の水産加工場を視察する日ロの調査団＝２０１７年６月

首相「四島の未来像を描き、解決策を探し出す未来志向の発想が必要。共同経済活動は平和条約締結に向けた重要な一歩だ」（共同記者会見で）

プーチン氏「（領土問題で）歴史的なピンポンはやめるべきだ。共同経済活動は平和条約交渉の継続のために良い環境を整える」（共同記者会見で）

↓

「年内に平和条約」提案（2018年9月）

プーチン氏が無条件での条約締結を提案。首相は拒否

↓

（56ページに続く）

る柔道用語を使って平和条約締結に意欲を見せ、日本側にシグナルを送った。
首相は2013年4月、日本の首相として10年ぶりにロシアを公式訪問し、プーチン氏と「**日ロ共同声明**」に署名する。平和条約締結に向け「**双方が受け入れ可能な解決策**」を目指すことで合意し、ロシアとの間で外務・防衛閣僚協議（2プラス2）を創設した。

帰属問題棚上げ

2014年2月にはロシア南部ソチで開かれた冬季五輪開会式に、先進7カ国（G7）首脳で唯一出席。首相は帰国直後の国会で「**私が首相の時代に何とかこの問題を解決しないといけない**」と述べ、在任中の解決に意欲を見せた。

しかし直後の2014年3月、ロシアがウクライナ南部クリミア半島を一方的に編入し、欧米と激しく対立。日本も米国などに同調して対ロ制裁を発動すると関係は冷え込み、同年秋に予定していたプーチン氏の来日は先送りされた。

事態打開に向け、首相は2016年5月のプーチン氏との会談で、「新たなア

（54ページからの続き）

↓

「日ソ共同宣言」交渉の基礎に（2018年11月）

日ソ共同宣言

両国の国会で批准された唯一の文書で、条約と同等の効力を持つ。平和条約締結後に歯舞、色丹両島を日本に引き渡すとしているが、国後、択捉両島については触れられていない

首相「私とプーチン氏で（領土問題に）終止符を打つという強い意志を完全に共有した。平和条約交渉を仕上げていく決意だ」（会談後、記者団に）

プーチン氏「（宣言には引き渡す島が）どういう条件の下で、誰の主権になるかは書かれていない」（会談翌日の記者会見）

↓

通算25回目の会談。交渉長期化必至に（2019年1月）

首相「戦後70年以上残された課題の解決は容易ではない。しかし、私たちはやり遂げねばならない」（共同記者発表）

プーチン氏「相互に受け入れ可能な解決策に達するための条件を作り出すためには、長くて骨の折れる作業が必要だ」（共同記者発表）

平和条約交渉を巡る両首脳のスタンス

安倍首相		プーチン大統領
歯舞群島、色丹島の２島返還を実現し、国後、択捉両島で共同経済活動や自由な往来を可能にする「２島返還プラス共同経済活動」が念頭	**領土問題**	歯舞、色丹両島の引き渡し条件は今後の交渉次第。日ソ共同宣言で触れていない国後、択捉両島は交渉対象外
北方領土はわが国が主権を有する島々。「固有の領土」との言葉は避ける	**歴史認識**	四島は第２次世界大戦の結果として正当にロシア領になった
北方領土の非軍事化を想定。平和条約は地域の平和と安定にプラスで、米国にとってもプラスになる	**安全保障**	日米安保条約に基づき、引き渡した島に米軍が展開する可能性を懸念。日本が導入する地上配備型迎撃システムも米国のミサイル防衛の一部だと問題視
８項目の経済協力プランを推進	**経済協力**	より大規模な投資を期待

プローチ」で平和条約締結を目指すことを表明する。極東開発など8項目の経済協力プランを提案し、四島での共同経済活動も極秘に打診。信頼関係の強化を優先し、四島の帰属問題を事実上棚上げする譲歩だった。

首相は同年12月に11年ぶりに大統領として公式来日したプーチン氏を地元の山口県長門市に招待。共同経済活動の検討開始で合意し、首相は「平和条約締結に向けた重要な一歩」と位置付けた。ただ、その実現に必要な日ロ双方の法的立場を害さない「特別な制度」を巡る協議は難航。経済関係者の四島訪問を可能にする新たな渡航の枠組みを巡る交渉も停滞が続いた。

早期合意厳しく

「**年末までに前提条件なしで平和条約を締結しよう**」。交渉が急展開したのは２０１８年９月、首相も出席したウラジオストクの経済フォーラムでのプーチン氏の提案だった。首相は拒否したが、プーチン氏の発言を平和条約締結への「意欲の表れ」と評価。11月の首脳会談で、日ソ共同宣言を基礎に交渉を進めるという思い切った提案に踏み切る。

同宣言は平和条約締結後の歯舞群島、色丹島の日本への引き渡しを明記しているが、国後、択捉両島には一切触れていない。首相は会談後、記者団に「**私とプーチン氏で終止符を打つという強い意志を完全に共有した。平和条約交渉を仕上げていく決意だ**」と強調。念頭にあるのは四島返還ではなく、歯舞、色丹の2島返還を実現し、国後、択捉両島では共同経済活動や自由な往来を可能にする「**2島返還プラス共同経済活動**」だ。

だが、ロシア側は四島が第2次大戦の結果、正当にロシア領になったと認めるよう要求。引き渡した島に米軍が展開する可能性にも懸念を示し、日本側を揺さぶる。

2019年1月22日の首脳会談後、プーチン氏は領土問題の解決には「**長くて骨の折れる作業が必要**」と宣言。日本政府は、首相が視野に入れていた2019年6月の20カ国・地域（G20）首脳会合に合わせたプーチン氏来日時の大筋合意を事実上、断念した。首相の自民党総裁任期は2021年9月まで。在任中の解決に意欲を見せてきた首相に、残された時間は多くない。

強まる実効支配　軍事化も

２０１２年に大統領に復帰したプーチン氏は北方四島の開発を重視し、空港や病院、学校、住宅などのインフラ整備を進めてきた。

ロシア政府は２０１６年に新たな四島開発の指針となる「クリール諸島（北方領土と千島列島）社会経済発展計画」を策定。２０２５年までの10年間で約８００億ルーブル（約１３５０億円）を投じる計画だ。２０１７年には色丹島にロシアの法律に基づく経済特区を四島で初めて設置し、実効支配は着実に強まっている。

日本との四島での共同経済活動の具体化が進まない中、ロシアは第三国企業の進出も排除しておらず、択捉、国後、色丹各島に新たに整備された高速ネット回線の敷設は中国の華為技術（ファーウェイ）が協力している。日本政府は四島でロシアの管轄権を前提とした第三国企業の活

第2次安倍政権以降

北方領土は「ロシア化」が進んでいる

択捉島

面積 **3168**平方キロ（63%）
人口 **5561**人

2014年に全天候型の新空港と新埠頭（ふとう）、2015年に文化・スポーツの大型複合施設が完成

国後島

面積 **1490**平方キロ（30%）
人口 **8253**人

2017年に温水プールを備えたスポーツ施設が完成。高速インターネット回線も新たに開通（択捉島、色丹島にも）

択捉、国後両島に陸軍の「第18機関銃砲兵師団」（兵士約3500人）が駐留し、新型地対艦ミサイルを配備。択捉島の空港には新型戦闘機も展開している。2018年12月には両島に新しい官舎も完成した

色丹島

面積 **251**平方キロ（5%）
人口 **2997**人

2014年に新病院が開業。滑走路の建設を計画。2017年にロシアの新型経済特区を設置

国境警備隊が駐留

歯舞群島

面積 **95**平方キロ（2%）
国境警備隊を除き、住民はいない

※面積の（　）は北方領土全体に占める割合。人口はロシアの統計による。2017年1月現在

動を認めていない。

一方、北方領土ではロシア軍の展開も活発化している。国後、択捉両島には陸軍部隊が駐留し、海軍の新型地対艦ミサイルを配備。２０１８年には択捉島の空港に新型戦闘機が配備され、陸海空すべての軍隊が活動しているとされる。

プーチン氏は２０１７年、北方領土の軍事化について、米国が北東アジアに配備するミサイル防衛に対抗するための「必要に迫られた措置」と説明した。ロシア軍は米国への核抑止力として弾道核ミサイルを搭載できる原子力潜水艦をオホーツク海に展開している。米ロ関係が悪化する中、ロシアにとって太平洋との出入り口となる北方領土の安全保障上の重要性は高まっている。

国後島の日の出＝2018年5月22日、野付岬上空から本社ヘリで、植村佳弘撮影

Ⅱ　北方領土のいま

北方領土

色丹島ルポ

領土交渉 気をもむ島民

日ロ首脳が今後の交渉の基礎としている1956年の日ソ共同宣言で、平和条約締結後に歯舞群島とともに日本に引き渡されることが明記されている色丹島。約3千人が暮らす島を、北海道新聞ユジノサハリンスク支局のマリヤ・プロコフィエワ助手が取材した。

安倍晋三首相とプーチン大統領がモスクワで通算25回目の会談に臨むのを2日後に控えた2019年1月20日。北方領

土の色丹島は、厳冬期には珍しく晴れ間がのぞく好天に恵まれた。島の中心、斜古丹（ロシア名・マロクリーリスコエ）の高台に上ると、ここ数年で建てられたスーパーなどの真新しい施設が目に付いた。

3世代「シコタンが故郷」

老朽化した木造住宅の庭で、住人のニーナ・マーミッチさん（57）は山積みの石炭を掘り起こしていた。「毎日10キロの石炭を暖房のため家の中に運ぶの。シコタンの暮らしは大変よ」と凍えたほおを緩めた。

22歳の時、「国境の島を見てみたい」

高台から望む斜古丹。右側手前の切妻屋根状の建物は前年開業したスーパーで、中央の港では新たな水産加工場建設に向けた整備が進む＝2019年1月20日、北海道新聞助手マリヤ・プロコフィエワ撮影（写真4枚を合成）

色丹島の自宅前に立つニーナ・マーミッチさん（後列左から３人目）＝斜古丹（マリヤ・プロコフィエワ撮影）

と大陸から島を訪れ、最初は寂れた島の光景に落胆した。缶詰工場で働き始め、間もなく結婚。自宅は１９８５年、いまは亡き夫が手作りで建て、「その時、島が自分の故郷だと思った」と振り返る。

94年の北海道東方沖地震で自宅が一部損壊し、一時大陸に避難したが「シコタンがすぐ恋しくなった」。現在、家族は子ども4人と2～11歳の孫5人。3世代10人の全員が島内で暮らしている。警備員の仕事二つを掛け持ちし、島で裕福な暮らしは望めないが、マーミッチさんの言葉によどみはない。「ロシアのシコタン島を守りたい。自分の土地に家と家族がある。ずっとここで暮らすわ」

２０１７年に斜古丹に開業したスポー

色丹島のいま
名称と特徴
由来はアイヌ語で「大きな集落のある地」の意味。ロシア名でも「シコタン」。島全体が高山植物地帯。なだらかな丘陵と深い入り江の景色が美しい
交通
国後島と行き来する小型ボート、ヘリコプター。飛行場の建設も計画中
人口
斜古丹2千人、穴澗997人
※ともに2017年1月現在
（終戦時は206世帯1038人、馬535頭など）
面積
約250平方キロメートル（東西24キロ、南北10キロ）、北方四島の5%
北方領土を除く道内の離島で最も大きい利尻島の約1.4倍。隠岐本島と同程度
国後へ
斜古丹《しゃこたん》
（マロクリーリスコエ）
国境警備隊が駐留（斜古丹）
穴澗《あなま》
（クラボザボツコエ）
N
E
S
W

ツ施設「シコタンアリーナ」。トレーナーとして働く大陸出身のヤロスラブ・ザバギンさん（32）は、日ロ首脳が日ソ共同宣言を基礎に交渉を進めていることへの島民の気持ちを代弁するかのように「シコタンを巡る交渉のニュースに、島民はいらだちを募らせている」と語った。

背景にあるのが、近年の島の発展だ。ロシア政府と四島を事実上管轄するサハリン州政府は、南クリール（北方領土）の開発に多額の予算を投じ、実効支配を強めてきた。

シコタンアリーナの窓口で働く女性アレクサンドラさん（25）は2年前、大学進学先だった大陸のまちから5年ぶりに色丹島に戻り、驚いた。「景色も暮らし

３階建て集合住宅の建設現場。斜古丹では４棟が完成し、２棟が建設中だ＝マリヤ・プロコフィエワ撮影

最新鋭の加工設備の設置が進むギドロストロイの新工場内＝２０１９年１月、穴澗でマリヤ・プロコフィエワ撮影

も変わっていた。シコタンの若者は酒、たばこもやらず、アリーナで運動している」

目立つ「外国人」

島内では「外国人」の姿も目立った。斜古丹の町外れにある3階建て集合住宅の建設現場では、ロシアと関係が深い中央アジアのウズベキスタンからの労働者がとび職の仕事に当たっていた。現場にいたロシア人のトラック運転手ロマン・シュムイグンさん（44）によると、島内で40人以上のウズベキスタン人が働き、活発な開発を支えている。

色丹島はいま、水産基地としての存在感を高めている。択捉島を拠点とする四島最大の水産企業「ギドロストロイ」が「ロシア最大規模」という大型の水産加工場を穴澗（クラボザボツコエ）にほぼ完成させた。予定の2019年夏に稼働すれば、1日千トンの冷凍加工魚肉を生産できる。漁船や桟橋を含めた投資額は計約100億円を見込む。

斜古丹にある水産企業「オストロブノイ」は、国内外から投資を呼び込むため税の優遇措置などを受けられる経済特区に2017年に指定され、新工場の建設が始まった。日本側は島が返還されれば、周辺海域も日本に戻ると期待するが、同社の漁船の副船長を務めるロマンさん（42）は「1日20トンのサンマやタラを漁獲している。クリールの海域はわれわれのものだ」と語った。

島内では中国企業華為技術（ファーウェイ）が関わる光ファイバーケーブルの敷設も進み、島民念願の高速インターネット環境が春には整う。

島の未来に明るさを感じ始めていただけに、島の引き渡しにかかわる交渉は島民にとって衝撃だった。

斜古丹から砂利道を約9キロ走った穴澗。プレハブ造りの図書館は1994年の北海道東方沖地震後、日本が支援で物資倉庫として建てたものだ。職員のニーナ・イスポワさんは、安倍首相が年明けに平和条約締結への意欲を語ったのをテレビで見たと言い、「首相の希望にすぎない。私の父は南サハリンを解放した軍人。クリールはロシア領土です」と語気を強めた。

ただ、国後、択捉両島にはサハリン島ユジノサハリンスクと結ぶ定期便がある

1994年の北海道東方沖地震後、日本の支援で建てられた倉庫を転用した図書館＝穴澗、マリヤ・プロコフィエワ撮影

のに対し、色丹島は飛行場がない。州政府は2018年に滑走路建設に着工すると発表していたが、工事は始まっていない。国後島からの船やヘリコプターは冬期間、しばしば悪天候で欠航し、島内の食品や薬は不足がちだ。島内にはまだアスファルトの道路さえない。

助手が色丹島で取材したある夜、斜古丹で開かれた地元行政府と住民の対話集会。日本メディアのスタッフだと気付いたある男性（61）が、「ロシアと日本の間に、早く平和条約が結ばれてほしい」と小声で話しかけてきた。月2万5千ルーブル（約4万円）の年金だけでは生活が苦しく、島では良い仕事も見つからないという。「シコタンは日本に引き渡したほうがいい。そうすれば日本政府からお金がもらえる」

「本心言わない」

穴澗にある商店では最近、ひっそりと2島の日本への引き渡しに関する意識調査が行われた。店にアンケートを置いた女性は、回答者は15人と少なかったが、約半数が日本への島の引き渡しに「賛成」と答えたと明かした。

調査をユジノサハリンスクの知人から頼まれたという女性は「島民は面と向かって島の引き渡しについて自分の本音を言わない。愛国心がないと思われたり、自分の意見を言っても無駄だと考えているからだ。だが厳しい暮らしを長年経験した高齢者の中には、大きな変化を求めている人が少なくない」と語った。

風光明媚な斜古丹の海岸で、ポンプ設備の保守点検をしていたイワンさんは旧ソ連崩壊の頃の出来事を教えてくれた。モスクワから政府代表団が島を訪れ、2島の引き渡しを視野に入れていたとされる政府高官が島民に「島を日本に引き渡すかもしれないが島民の意見は聞かない」と語ったという。「引き渡しはいやだが島民に裁量はない。もし日本の領土となればロシア人は追い出される。94年の地震で政府からもらった大陸の家に戻る」。やや投げやりな口調が印象的だった。

色丹島の子どもたち。カメラを向けると手を振ってくれた＝2019年1月、斜古丹でマリヤ・プロコフィエワ撮影

実効支配続き　意識に変化

ユジノサハリンスク　細川伸哉

１９４５年（昭和20年）に旧ソ連軍が色丹島に侵攻したのは、日本が無条件降伏を発表した８月15日から約２週間後の９月１日だった。以降、旧ソ連とその継承国ロシアの実効支配が続く中、島は盛衰を繰り返し、それに伴ってロシア人島民の島の日本への返還に対する意識も変化してきた。

ソ連は45年のうちに北方四島に国境警備隊を配備した。翌年には色丹島などに調査団を派遣。クリール諸島（北方領土と千島列島）と南樺太へのソ連人の移住促進キャンペーンを始め、色丹島では日本人とソ連人が一時、共に暮らした。戦前、四島にいた日本人１万７千人余りは47～48年、南樺太経由で本土に引き揚げ、

色丹島斜古丹で日本人島民に質問するロシア人調査員＝１９４６年６月（サハリン州提供）

混住は終わった。

旧ソ連政府は支配直後から島の活用を図る。46年7月、サハリン州の地元紙は「シコタンでクジラを加工する工場の復興を進めている」と記している。色丹島は戦前から日本の捕鯨基地で、その施設を利用していたが、捕鯨産業は10年もたたずに衰退したという。

60年代後半から70年代にかけて水産缶詰工場「オストロブノイ」が整備されるまで、目立った開発の動きはなかった。色丹の歴史に詳しいアレクサンドル・クテリョフさん（71）＝ユジノサハリンスク市＝は「56年の日ソ共同宣言で島を日本に引き渡す現実味が帯び、ソ連政府は開発の手を止めた。60年の日米安保条約改定で島を手放す考えはなくなり、再び発展を目指すことになった」と推察する。

オストロブノイは「ソ連最大の缶詰コンビナート」と言われたが、91年の旧ソ連崩壊に伴う燃料不足などで稼働率が低下。94年の北海道東方沖地震では工場の半分が壊滅的被害を受け、島の家屋も9割が津波などで倒壊。人口は減少した。

サハリン州によると93年に斜古丹で行われた世論調査では、住民約千人のうち83％が日本への歯舞、色丹2島の引き渡しを明記した日ソ共同宣言を「支持する」と回答。２００５年に北海道新聞が実施した意識調査では、金銭補償などの条件付きを含めて住民の51％が島返還に賛成と答えた。

全道世論調査

領土解決策

「2島＋共同活動」22％

北海道新聞社は2019年2月23、24日、北方領土問題の最適な解決策を尋ねる全道世論調査を行った。安倍晋三首相が想定する歯舞群島と色丹島の2島返還を実現し、国後、択捉両島では共同経済活動や自由な行き来を可能にする「2島返還プラス共同経済活動」の支持は22％にとどまった。最多は「歯舞、色丹の2島を先に返還し、国後、択捉の2島は継続協議（2島先行返還）」の42％。首相はロシアのプーチン大統領との間で領土問題に「終止符を打つ」と訴えているが、約6割は「時期にこだわるべきではない」と答えた。

（十亀敬介、則定隆史）

調査の方法　北海道新聞社が北海道新聞情報サービス（現・北海道新聞 HotMedia）に委託して 2019 年 2 月 23、24 日の 2 日間、コンピューターで無作為に発生させた番号に電話するＲＤＤ（ランダム・デジット・ダイヤリング）法で行った。道内に住む 18 歳以上の男女各 500 人を対象とした。実際に有権者のいる世帯にかかったのは道内調査が 631 件で、うち 510 人から回答を得た。数値は、政党支持率を除いて小数点以下を四捨五入した。

回答項目は一部異なるが、２０１８年6〜7月の全道郵送世論調査で17%だった2島先行返還は今回の調査で支持が大きく増加。一方、「四島返還」は16%で、同調査の「四島一括返還」の35%から減少した。日ロ首脳が２０１８年11月、平和条約締結後に歯舞・色丹両島を日本に引き渡すとした１９５６年の日ソ共同宣言を基礎に交渉の加速で合意したことなどから、柔軟な対応への支持が増えたと

■北方領土問題の最適な解決策

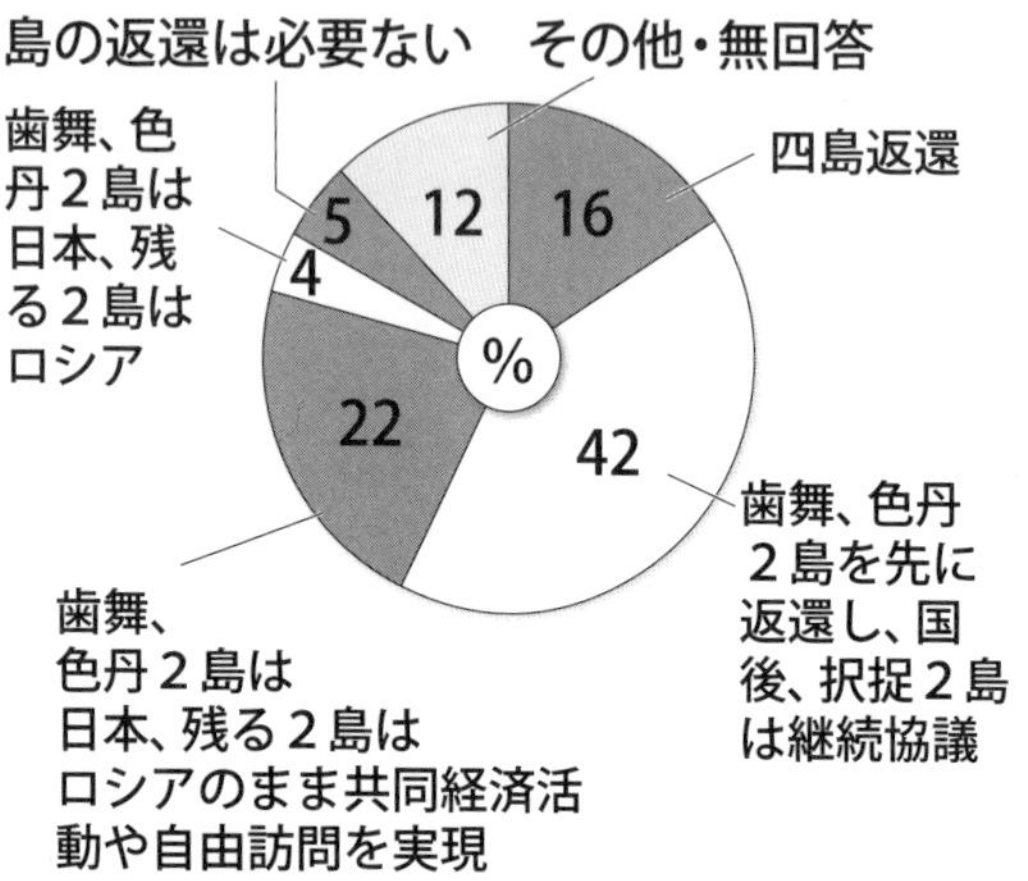

■領土問題の解決時期

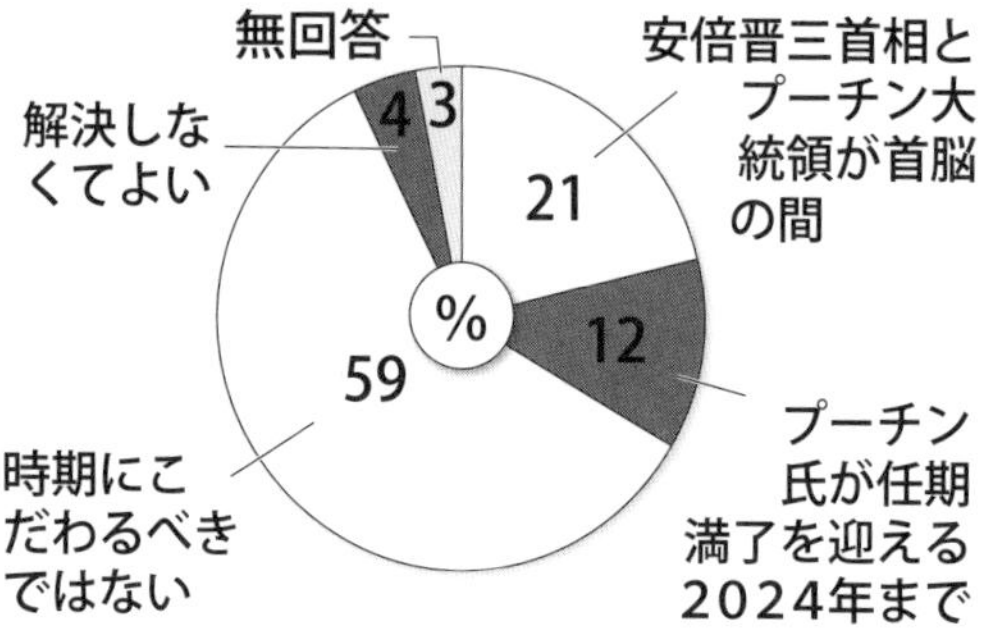

※単位は%

みられる。

ただ、国後、択捉両島に関する協議を継続する2島先行返還を含め、最終的に四島返還を求める「四島派」は6割近くに達する。一方、首相が想定する2島返還プラス共同経済活動による解決は、安倍政権支持層でも24％にとどまり、支持は広がっていない。

歴代政権が目指してきた四島返還から2島返還を軸にした交渉に転換した安倍政権の方針については、52％が「容認する」と回答。ただ、その中でも2島返還プラス共同経済活動への支持は32％だった。

首相の自民党総裁任期は2021年9月、プーチン氏の大統領任期は2024年と時間差がある。両首脳間で解決を目指すべきかは「時期にこだわるべきではない」が59％で、「安倍、プーチン両氏が首脳の間に解決」21％、「プーチン氏の任期満了までに解決」12％で続いた。

高齢層ほど期待低く

首相は自民党総裁任期となる2021年9月までの平和条約締結を目指し、日本で2019年6月に開催する20カ国・地域（G20）首脳会合に合わせたプーチン氏の来日時に、領土問題の進展を目指している。だが、世論調査で「大いに期待する」と「ある程度期待する」の合計は52％。高年齢層ほど期待値は低く、70

■ロシアのプーチン大統領が 2019 年 6 月に来日を予定していますか。北方領土交渉の進展を期待しますか

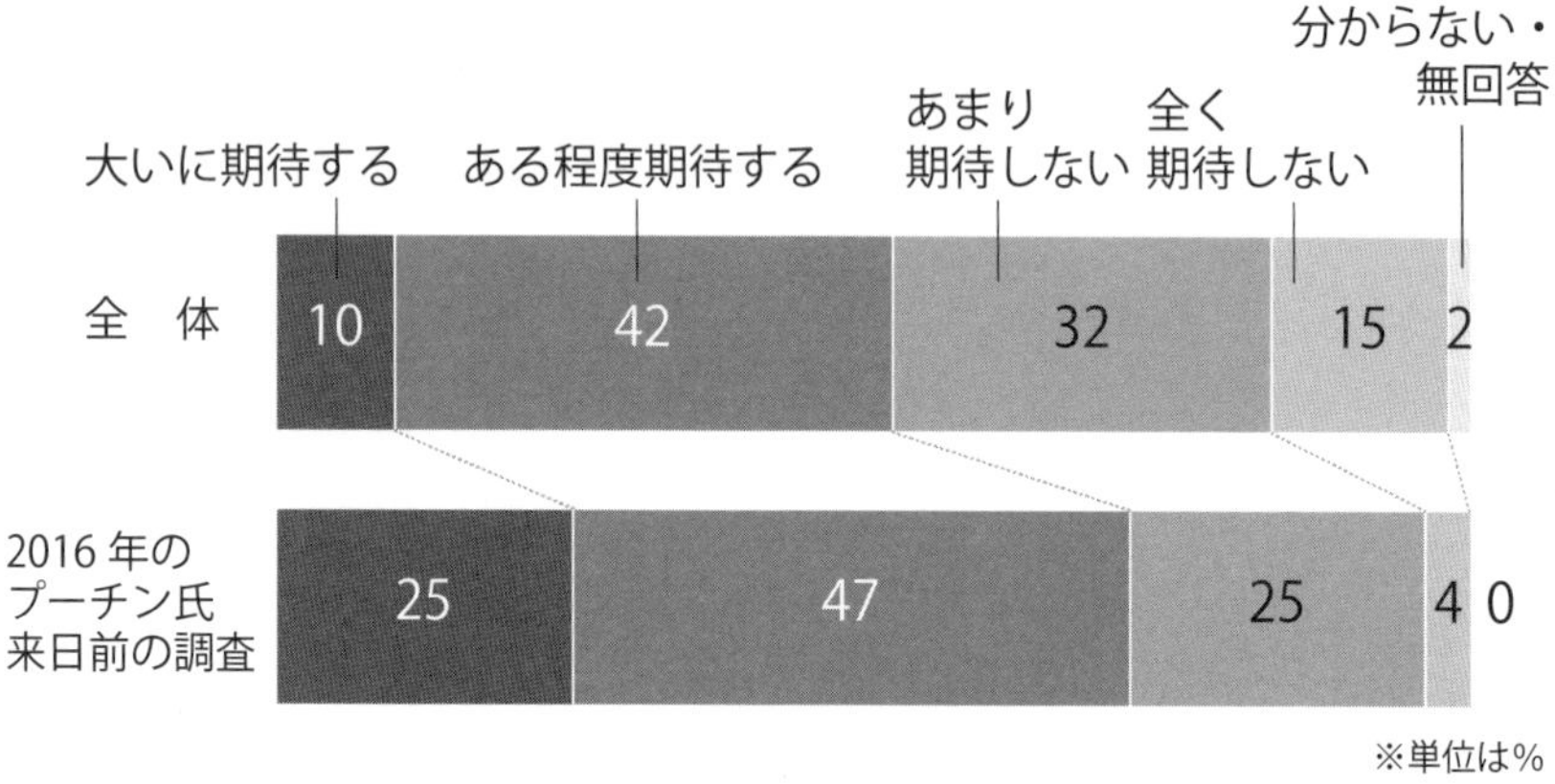

歳以上では計42％だった。「あまり期待しない」は32％、「全く期待しない」は15％だった。

首相は２０１８年11月、プーチン氏と平和条約締結後に日本に歯舞、色丹２島を引き渡すとした日ソ共同宣言を基礎に交渉を加速させることで合意。しかし、ロシア側は前提条件として北方領土が第２次大戦の結果、正当にロシア領になったと認めるよう求め、島を引き渡した場合、米軍が展開する可能性にも懸念を表明。２０１９年１月の首脳会談でも溝は埋まらなかったことから、世論に楽観的な見方が広がっていないとみられる。

前述の通り、四島返還から２島返還を軸とした交渉にかじを切った首相の方針

■北方領土問題を解決するために、どのような方法が最適だと思いますか（内閣支持層別比較）

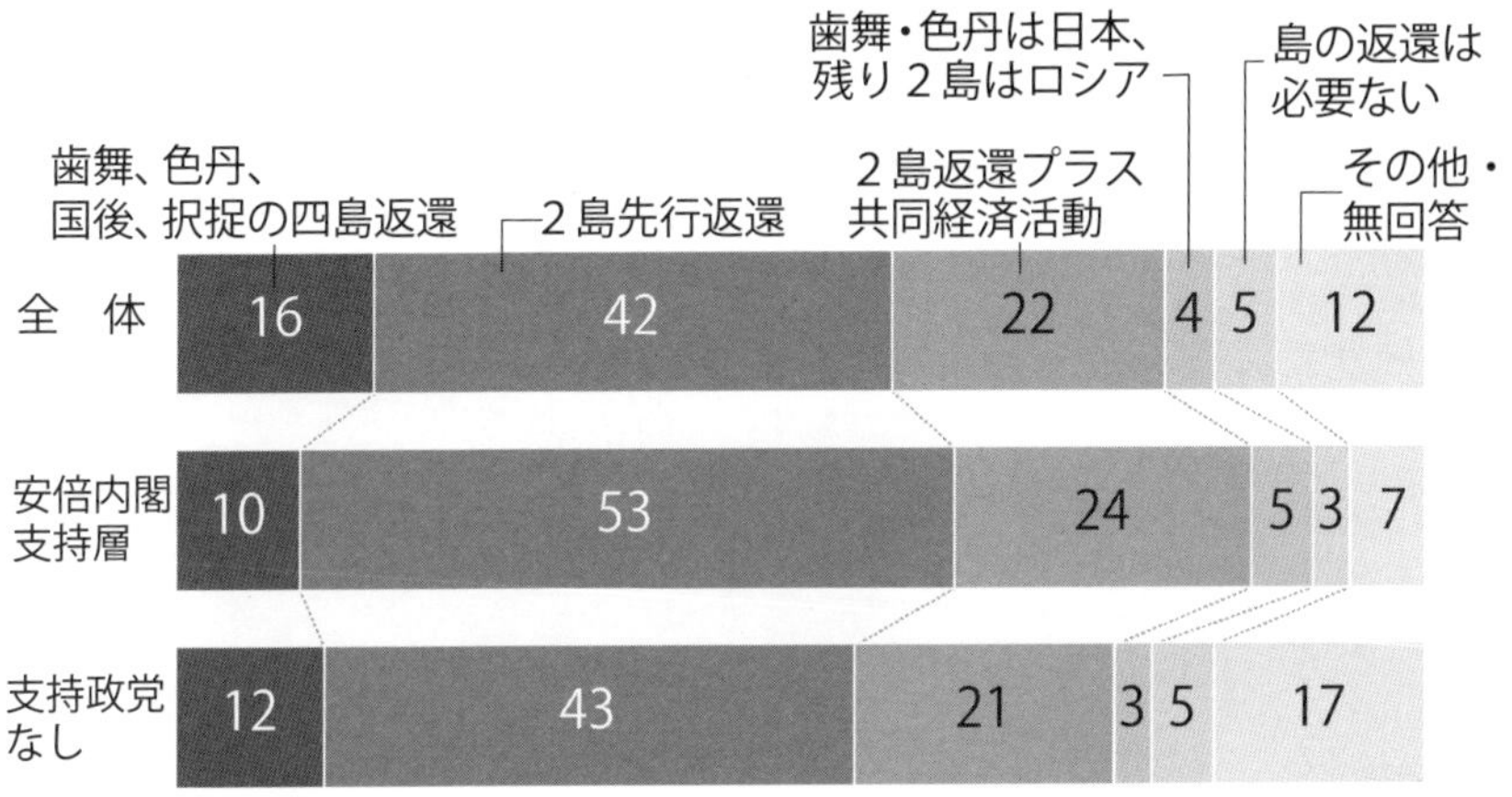

※単位は%

について、「容認する」との回答は過半数で、安倍政権の支持層では82%に上った。戦後73年が経過しても領土問題が解決できない中、原則的な方針を掲げ続けても進展は困難との首相の判断は、一定程度支持されている。

「2島先行」最多

一方、政権支持層や自民党支持層でも、領土問題の最適な解決として、首相が想定する「2島返還プラス共同経済活動」を挙げた人は2割台にとどまる。停滞する領土問題の進展に向けある程度の譲歩は容認しても、国後、択捉両島の返還断念につながりかねないことへの抵抗感が

■北方領土問題について、安倍政権は「２島返還プラス共同経済活動」による解決を想定しています。歴代政権が目指してきた「四島返還」を事実上転換した安倍政権の方針を容認しますか

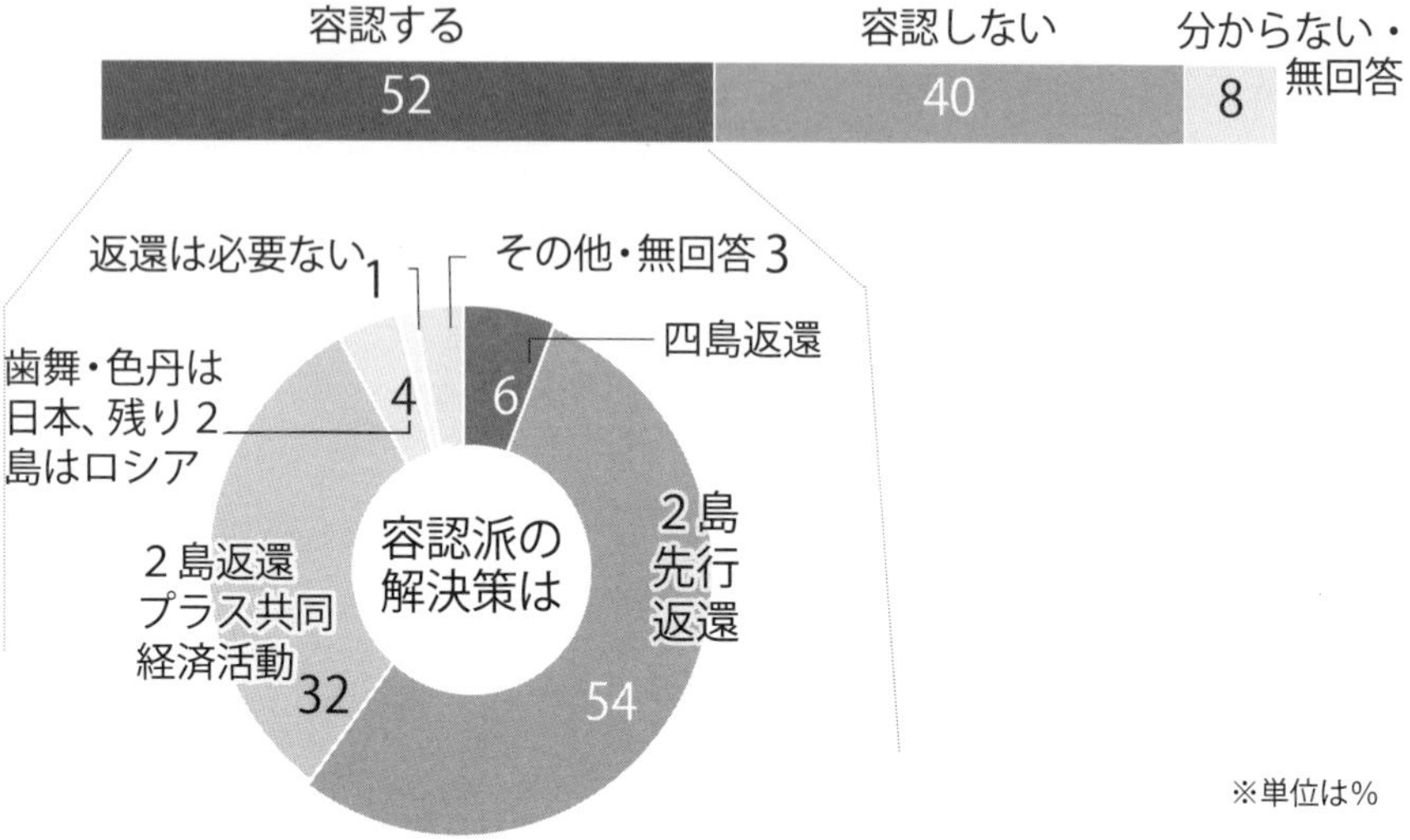

※単位は％

強いことがうかがえる。

２０１９年2月上旬に共同通信社が行った全国世論調査では、歯舞、色丹2島を先に返還し、国後、択捉2島は協議を継続する「2島先行返還」への支持が55％で最多だった。一部回答項目は異なるが、今回の全道調査でも「2島先行返還」が42％で最も多く、政権支持層では53％に達した。

ただ、ロシアの政府系機関が2月に南クリール（北方領土）のロシア住民を対象に行った世論調査では住民の96％が、日本への引き渡しに反対。日ソ共同宣言に基づく歯舞、色丹の2島返還でさえも実現は見通せていないのが実情だ。

首相は通算25回の直接会談を重ねた

■安倍、プーチン両首脳の間に北方領土問題を解決すべきだと思いますか（内閣支持層別比較）

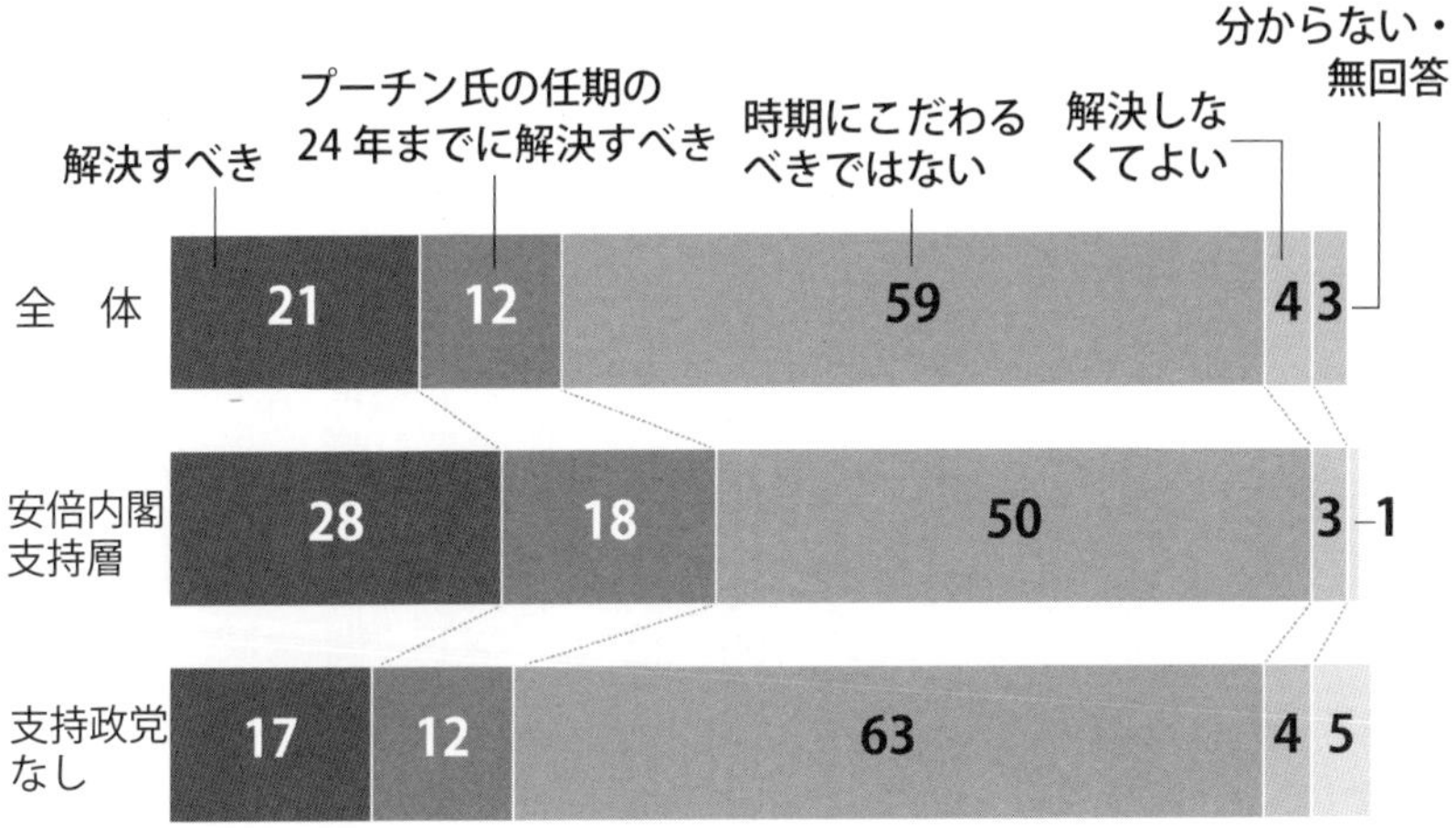

※単位は%

プーチン氏との個人的信頼関係をてこに領土問題の進展を目指してきたが、全道世論調査で両首脳の間に北方領土問題を「解決すべきだ」との回答は2割程度にすぎない。

一方で解決時期について「こだわるべきではない」は無党派層で63%に達し、政権支持層でも5割を占めた。

対ロ外交を推進し、領土問題解決という「政治的レガシー（遺産）」づくりを狙う首相だが、妥協して成果を焦れば支持層の離反を招くリスクを抱えている。

ロシア政府系機関　島民調査

四島引き渡し「反対」96％

　ロシア政府系の世論調査機関「全ロシア世論調査センター」は2019年2月19日、南クリール（北方領土）の日本への引き渡しに関する色丹、国後、択捉の3島での世論調査で、住民の96％が引き渡しに反対したとする結果を公表した。調査は2月11～17日に行われ、3島の住民約1万7千人のうち18歳以上の7割に当たる7695人が回答した大規模なもの、としている。

　サハリン州のリマレンコ州知事代行や州議会議員が2月上旬、「領土問題の議論に終止符を打つ」として調査の実施を呼び掛けた経緯があり、北方領土を事実上管轄する地域の立場を、世論調査を通じてアピールする狙いがありそうだ。こうした意向を踏まえて同センターが実施したとみられる。

　調査員が各島の村々でアパートや企業を訪ね歩き、タブレットに回答を入力してもらう方法で実施。「南クリールを日本に引き渡すべきか」との質問に96％が反対した。2％は引き渡しに賛成、2％は回答がなかった。反対の割合を島別に見ると、択捉97％、国後96％、色丹92％。全体の98％が日本との領土問題の存在を知っていると答えた。

調査結果を受け、州議会は南クリールをロシア領土として保全するなどとした声明を採択し、国内外のメディアに発出するという。リマレンコ知事代行は「住民の意見に完全に同意する。（ロシア領土という形で）領土問題は解決しなければならない」と述べた。

全ロシア世論調査センターは2019年1月末にも、クリール諸島（北方領土と千島列島）の住民207人に電話で世論調査を実施し、住民の93％が北方領土の日本への引き渡しに反対したと発表している。

（細川伸哉）

北方領土返還要求全国大会＝ 2019 年 2 月 7 日、東京都千代田区の国立劇場、富田茂樹撮影

Ⅲ　取材の現場から

1 〝綱渡り〟の領土交渉

東京・官邸から

東京報道センター　則定隆史

2019年1月22日、厳重なセキュリティーチェックを通過し、モスクワのクレムリン（大統領府）に入った。案内された控室は日ロ双方のメディア関係者でびっしり埋まり、まもなく始まる日ロ首脳会談への注目度の高さをうかがわせた。

会談場は、大小三つのシャンデリアや大理石の暖炉がある「大統領の間」。冒頭、安倍晋三首相が「大変美しい建物ですね」と語りかけると、プーチン大統領は「じゃあ案内しよう」と約5分間、通訳だけを従えて自分の執務室に首相を招き入れた。会談後、日本政府関係者は「外国の首脳が執務室に入るのはおそらく前例がない。それだけ首相に親しみをもってくれているということだ」と語った。

首相は第1次政権を含め、プーチン氏と25回の会談を重ねてきた。ときに「ウラジーミル」「シンゾウ」とファーストネームで呼び合い、北方領土問題の解決に向けて個人的な信頼関係の構築に腐心してきた。

25回のうち国際会議に合わせた第三国での会談を除けば、首相のロシア訪問が10回なのに対し、プーチン氏の来日は2016年12月の1回のみ。野党は「首脳外交は対等な相互往来が原則だ」と批判するが、首相は「そんなことにこだわっていたら、ロシアとの交渉は進まない」と意に介さない。

2018年11月、首相は1956年の日ソ共同宣言を基礎に歯舞群島と色丹島の2島返還を軸にした交渉へかじを切ったが、日本の思惑通りには進んでいない。ロシア側の出方を見誤った戦略の甘さに加え、日々の取材で感じるのは日本側の足並みの乱れだ。

安倍政権の外交は、首相官邸が交渉の方向性を決める「官邸主導」が色濃い。一方、交渉の実務を担う外務省内には歴代政権が目指してきた四島返還の原則論が根強い。対米関係を最優先してきた外務省主流派は、ロシアへの接近を強めることを警戒している。首相が具体的な交渉方針の明言を避けていることもあり、与党内や国会での議論も深まっていないのが実情だ。

首相は政権復帰後初のロシア訪問を控えた2013年4月、北海道新聞の単独インタビューで父・晋太郎元外相が「北方四島の問題に極めて強い執念を持っていた」と振り返った。領土問題の解決は父の遺志を継いだ政治課題であると同時に、自身のレガシー（政治的遺産）づくりにしたい思惑があるのだろう。

ただ、最終的に平和条約を結ぶためには、外交当局間の綿密な交渉に加え、両国の国会や世論の支持が不可欠だ。領土問題の進展にトップ同士の信頼関係や指導力が重要なのは間違いないが、首相が自民党総裁任期を迎える2021年9月が刻一刻と迫る中、前のめりに結果を急げば、それだけロシア側から譲歩を迫られる危うさがつきまとう。

2019年6月、首相は大阪で開かれる20カ国・地域（G20）首脳会合に合わせ、約2年半ぶりにプーチン氏を日本に迎えるが、四島を巡る立場の違いは埋まっていない。交渉関係者の一人は「ロシアは第2次世界大戦の結果を認めろとか、自国の主張を強め、交渉を加速するどころか後退させている」と述べ、6月の会談はあくまで「通過点」との認識をにじませる。

「日ロは綱渡りだ」。領土交渉をこう表現した政府高官の言葉は、険しい道のりを物語っている。

2 変わりゆくロシア

ロシア・モスクワから

モスクワ駐在　小林宏彰

目を閉じて「外国人」を想像してほしい。どんな人物が浮かんだだろう。ハリウッド映画で見慣れた米国人だろうか。海外旅行先で出会った欧州やアジアの人たちかもしれない。では、北海道に最も近い隣国ロシアの人々を想像した人は、どれくらいいただろうか。

戦後70年以上、未解決の状態が続く北方領土問題を抱え、「近くて遠い隣国」と呼ばれる日本とロシア。食料品を買い求める人が長い列を作った1991年の旧ソ連崩壊前後の光景は多くの日本人に強い印象を残した一方、現在のロシア人の日常を知る人は少ない。

2000年のプーチン大統領就任以降、ロシアは急速にその姿を変えてきた。都市部と地方の格差は大きいが、モスクワでは高級ブランド店が並び、若者たちはおしゃれなレストランでワイングラスを傾け、海外ドラマや日本のアニメを楽しんでいる。電子決済などは日本よりも普及しており、来訪者の多くが「こんなに都会だったとは」と驚く。

日本人が思い描くロシアと現実の大きな格差。モスクワで北方領土交渉を取材していると、日本政府がこうしたロシアの変化を十分に認識せず、1990年代の発想にとらわれているのではないかと感じることがある。

2016年12月、安倍晋三首相とプーチン大統領が検討開始で合意した北方四島での共同経済活動を巡り、日本政府は「日本の優れた技術を提供し、ロシア人の生活が改善すれば、島の返還に賛成する人も増えるはずだ」とみていた。首相が、医療水準の向上や快適で住みやすい都市作りを柱に位置付けた、8項目の対ロ経済協力プランを提案したのも同じ発想が根底にある。

ただ、こうした「日本がロシアを支援する」という発想は、原油価格高騰で経済的安定を確保し、大国意識を強めるロシアには響いていない。ロシア外交筋は「共同経済活動も経済協力も対等な関係で、互いに利益を得ることが重要だ。ロシアは施しを受けるつもりはない」と強調。領土問題を理由に日本企業がロシア進出に二の足を踏み続けるなら、四島も極東も自力で開発していくという強気の姿勢を鮮明にしている。

共同経済活動を実現するための法制度を巡っても、日本側は主権問題を棚上げする形で四島周辺水域での日本漁船の操業を認めた1998年の安全操業協定を踏まえ、日ロ双方の法的立場を害さない「特別な制度」の実現を目指している。一方、ロシア側は「ロシアの法制度は整備され、90年代のような『超法規的な合意』はもはやあり得ない」（交渉関係者）とにべもない。

旧ソ連が平和条約締結後の歯舞群島と色丹島の日本への引き渡しを明記した56年の日ソ共同宣言から63年。東西冷戦は遠い過去となり、米ロ両国と中国の三つの大国が覇権を争う新たな世界秩序が構築されつつある今、ロシアは終戦直後とも90年代とも異なる国家観を鮮明にしている。

それは２０１４年のウクライナ南部クリミア半島の一方的編入で欧米との対立が激化する中、国内のメディアを支配し、反政権勢力を力で押さえつけ、愛国主義で国民統合を進める「プーチンのロシア」だ。「主権と領土の保全」という概念はこれまで以上に重要度を増しており、「経済協力を続ければ、ロシアは島を返すかもしれない」という淡い期待は、もはや幻想となったと言わざるを得ない。

では領土問題を解決し、平和条約を締結するために日本はどうすべきなのか。その答えを探すためには、政府だけでなく、より多くの国民が変わりゆくロシアを直視し、ロシアを知ることから始めることが必要なのかもしれない。

3　元島民　落胆と焦り

根室から
根室支局　堀井友二

海の向こうに国後島を望む根室港近くの小高い丘にある根室金刀比羅神社。ここには、1945年（昭和20年）の旧ソ連軍侵攻後、元島民らが決死の思いで国後島や色丹島、歯舞群島から持ち出した御神体が11体預けられている。今も御神体があった神社ごとの例大祭が金刀比羅神社で行われ、元島民らが北方領土返還を祈願する。

戦前から四島との人とモノの交流拠点だった「母都市」、根室。元島民のうちの約5分の1は今も根室市内に暮らす。戦前から根室に実家や拠点があった元島民も多いほか、「返還されたらすぐにでも島に戻りたい」との思いで、根室に住み続けている人もいる。

市内では「根室水晶会」「多楽会」「根室色丹会」「国後島民の会」など元居住地ごとの親睦会が今も定例的に開かれ、その度にお互いの無事を確かめ、近況や島の思い出話を交わし、領土問題の解決を願う。故郷の島の存在を常に感じながら過ごしていけるマチでもある。

そして、根室は45年12月に当時の安藤石典・根室町長が連合国軍総司令部のマッカーサー最高司令官に領土返還を求める陳情書を出した「返還要求運動原点の地」である。元島民たちは「四島返還」の旗印の下、さまざまな要請行動、住民大会への参加、署名活動、語り部活動などを通じて返還要求運動の先頭に立ち続けてきた。

その元島民の平均年齢は2019年3月末時点で84歳を超えた。視力や足腰が弱ってビザなし渡航による故郷への訪問が難しくなった人も多い。だが、30年の〝齢《よわい》〟を重ねた平成の時代の日本とロシアとの領土交渉は、何度も期待を持たされて何度も落胆した。結果的に領土は1ミリも動かなかった。

解決への望みをかけた2019年1月下旬の安倍晋三首相とプーチン大統領の会談でも進展はなかった。「これで生きているうちに島が返ってくることはなくなった」「自由に島に渡ることはもうかなわないだろう」。元島民への取材では、ため息まじりの言葉が目立った。進まない日ロ交渉への不満や怒りよりも、もう期待しても疲れるだけだ、という諦めの感情が強くにじんだ。

この緊迫した交渉の間、2018年12月の北方領土返還要求中央アピール行動や2019年2月の北方領土の日・根室管内住民大会で、元島民らが「四島を返

2019 北方領土の日・根室管内住民大会＝ 2019 年 2 月 7 日、根室市内（茂忠信撮影）

せ」の掛け声を封印し、交渉を見守る姿勢を強めたことについて、各方面から「弱腰ではないか」「政府に配慮しすぎだ」などと懸念の声が相次いだ。

もちろん元島民の願いは「四島返還」であることは変わっていない。根室の元島民も本音では「返せ」と叫びたかっただろう。だが、その背景には、70年以上も返還要求運動の先頭に立ち続け、年々同郷の仲間も減り、自らの老いとも闘う中で、「生きている間に解決に向けた道筋をつけてほしい。もう残された時間はない」という追い込まれた心境があった。

返還要求運動が退潮していくことへの焦りもある。基幹産業である漁業の不振で、根室市内の人口は減り続けている。

領土問題が解決せず、四島との交流が制限され、母都市としての衰退も止まらない。就職先がない若者たちは高校を卒業すると市外へと流出していく。もちろん運動を引き継いでいく人たちの主力となる元島民2世、3世も次々と根室を離れる。

返還要求運動原点の地である根室の推進力が減退していくことは、国全体の運動がしぼむことにつながりかねない。「このまま自分たちが死んでしまったら、だれが自分ごととして四島の問題を考えてくれるのか」――。元島民がつぶやいた言葉が耳を離れない。

ロシア・サハリンから

4 ロシア島民 思い複雑

ユジノサハリンスク駐在 細川伸哉

部屋の中は「日本」だった。本棚に並ぶ日本の書籍、壁や冷蔵庫に所狭しと張られた書道……。住人は、サハリン・ユジノサハリンスクで随一の日本語能力を持つ男性ロシア人通訳。漢文まで読み解き、47都道府県の大半を旅行で制覇したという日本通だ。招待された自宅の光景から、日本への敬愛がうかがえた。

ふと壁に張ってあった大きな日本地図の1点に目が留まった。北海道と北方領土の間に、赤い線が引かれ、北方領土側に「ロシア領土」と彼の書き込みがあったからだ。「理解してください。僕だってロシア人ですから」。礼儀正しく勤勉な国民性や、優れた技術を持つ日本が好きだが、領土は別――。サハリンや北方領土で暮らすロシア人の立場を、彼は象徴しているようだった。

「そんなに南クリール(北方領土)がほしいなら、戦争しようじゃないか」。2018年12月、ユジノ市内で開かれた、日本へのクリール引き渡し反対集会

日ロ政府間の領土交渉に反対する集会。共産党の地元組織の呼び掛けで開かれ、約３００人が「南クリール（北方領土）はロシアの領土だ」などと訴えた＝２０１８年12月、ユジノサハリンスク（細川伸哉撮影）

では、２人の小さな子をそりに乗せた父親に質問中に挑発された。普段は優しい父親だろう。直前の11月、安倍晋三首相とプーチン大統領が会談で合意した「（色丹島と歯舞群島の日本への引き渡しを明記した）日ソ共同宣言を基礎に交渉を加速」とする方針が、集まった人々の不安をかき立てていた。

　プーチン氏は、島の引き渡しに反対する国内世論を意識している。領土交渉は、一定の進展がみられれば、その分、ロシア国民の反発が強まるという難しさを抱える。「（北方領土の）帰属の変更についてロシア人の住民に理解してもらうことも必要だ」という２０１９年１月の安倍首相の発言は、特に四島で暮らすロシア人島民には、日本への引き渡しを前提としているように聞こえ、機微に触れたようだ。ロシア人島民は、平和条約締結交渉にかかわるニュースに目をこらしている。

北海道に近い四島の実態を知ることは簡単ではない。日本政府は国民に対し、北方領土問題の解決までの間、四島に入域しないよう要請しており、渡航の機会はビザなし交流など一部に限られる。現場での取材は、ユジノサハリンスク支局のロシア人助手らに頼らざるを得ず、島民がインタビューで口にするのは「日本への引き渡しに反対」という〝模範解答〟になりがちだ。

だが、色丹島で家族と暮らす女性は「島民の6割は、島が日本に引き渡されてお金をもらえるのを待っている」と明かす。経済的支援という動機はともかく、ビザなし交流などで日本をよく知るロシア人島民の、複雑な心の内を感じずにはいられない。

2019年1月の首脳会談で交渉の進展がトーンダウンしたことで、色丹島の男性島民は「ロシア政府が島を日本に引き渡すことはもうなさそうだ。島民の間で、交渉について話題にもならなくなった」と話す。そうであるならば、隣人同士どう関係を発展させていくか、落ち着いた環境の中で見つめ直す好機としたい。

2017年、根室からチャーター船「え

とぴりか」で国後、択捉両島をビザなし訪問した。その際、日本政府の支援事業で、病気で失明状態となった両目の治療を受けたロシア人女性が乗り合わせていた。ロシアの病院でさじを投げられた女性は、無事に光を取り戻し、島に帰って行った。「何年かぶりに家族の顔を見られるのが楽しみ。日本に感謝してもしきれない」。涙混じりの笑顔を見せた彼女に、領土問題について尋ねたら、どんな答えが返ってくるだろう。

四島返還 ひとりの力が 大きな力に

Ⅳ　資料

※外務省発行「われらの北方領土　資料編」、内閣府ホームページ《北方領土問題　外交文書》をテキストにしました

日ソ共同宣言（日本国とソヴィエト社会主義共和国連邦との共同宣言）

１９５６年10月19日モスクワで署名
１９５６年12月12日発効

１９５６年10月13日から19日までモスクワで、日本国及びソヴィエト社会主義共和国連邦の全権団の間で交渉が行われた。

日本国側からは、

内閣総理大臣　鳩山一郎
農林大臣　河野一郎
衆議院議員　松本俊一

が参加し、

ソヴィエト社会主義共和国連邦側からは、

ソヴィエト連邦大臣会議議長　エヌ・ア・ブルガーニン
ソヴィエト連邦最高会議幹部会員　エヌ・エス・フルシチョフ
ソヴィエト連邦大臣会議議長第一代理　ア・イ・ミコヤン
ソヴィエト連邦第一外務次官　ア・ア・グロムイコ
ソヴィエト連邦外務次官　エヌ・テ・フェドレンコ

が参加した。

相互理解と協力のふん囲気のうちに行われた交渉を通じて、日本国とソヴィエト社会主義共和国連邦との相互関係について隔意のない広範な意見の交換が行われた。日本国及びソヴィエト社会主義共和国連邦は、両国間の外交関係の回復が極東における平和及び安全の利益に合致する両国間の理解と協力との発展に役だつものであることについて完全に意見が一致した。

日本国及びソヴィエト社会主義共和国連邦の全権団の間で行われたこの交渉の結果、次の合意が成立した。

1　日本国とソヴィエト社会主義共和国連邦との間の戦争状態は、この宣言が効力を生ずる日に終了し、両国の間に平和及び友好善隣関係が回復される。

2　日本国とソヴィエト社会主義共和国連邦との間に外交及び領事関係が回復される。両国は、大使の資格を有する外交使節を遅滞なく交換するものとする。また、両国は、外交機関を通じて、両国内におけるそれぞれの領事館の開設の問題を処理するものとする。

3　日本国及びソヴィエト社会主義共和国連邦は、相互の関係において、国際連合憲章の諸原則、なかんずく同憲章第2条に掲げる次の原則を指針とすべきことを確認する。

(a)　その国際紛争を、平和的手段によって、国際の平和及び安全並びに正義を危くしないように、解決すること。

(b)　その国際関係において、武力による威嚇又は武力の行使は、いかなる国の領土保全又は政治的独立に対するものも、また、国際連合の目的と両立しない他のいかなる方法によるものも慎むこと。

日本国及びソヴィエト社会主義共和国連邦は、それぞれ他方の国が国際連合憲章第51条に掲げる個別的又は集団的自衛の固有の権利を有することを確認する。

日本国及びソヴィエト社会主義共和国連邦は、経済的、政治的又は思想的のいかなる理由であるとを問わず、直接間接に一方の国が他方の国の国内事項に干渉しないことを、相互に、約束する。

4　ソヴィエト社会主義共和国連邦は、国際連合への加入に関する日本国の申請を支持するものとする。

5　ソヴィエト社会主義共和国連邦において有罪の判決を受けたすべての日本人は、この共同宣言の効力発生とともに釈放され、日本国へ送還されるものとする。
また、ソヴィエト社会主義共和国連邦は、日本国の要請に基いて、消息不明の日本人について引き続き調査を行うものとする。

6　ソヴィエト社会主義共和国連邦は、日本国に対し一切の賠償請求権を放棄する。
日本国及びソヴィエト社会主義共和国連邦は、1945年8月9日以来の戦争の結果として生じたそれぞれの国、その団体及び国民のそれぞれ他方の国、その団体及び国民に対するすべての請求権を、相互に、放棄する。

7　日本国及びソヴィエト社会主義共和国連邦は、その貿易、海運その他の通商の関係を安定したかつ友好的な基礎の上に置くために、条約又は協定を締結するための交渉をできる限りすみやかに開始することに同意する。

8　1956年5月14日にモスクワで署名された北西太平洋の公海における漁業に関する日本国とソヴィエト社会主義共和国連邦との間の条約及び海上において遭難した人の救助のための協力に関する日本国とソヴィエト社会主義共和国連邦との間の協定は、この宣言の効力発生と同時に効力を生ずる。
日本国及びソヴィエト社会主義共和国連邦は、魚類その他の海洋生物資源の保存及び合理的利用に関して日本国及びソヴィエト社会主義共和国連邦が有する利害関係を考慮し、協力の精神をもって、漁業資源の保存及び発展並びに公海における漁猟の規制及び制限のための措置を執るものとする。

9　日本国及びソヴィエト社会主義共和国連邦は、両国間に正常な外交関係が回復された後、平和条約の締結に関する交渉を継続することに同意する。

ソヴィエト社会主義共和国連邦は、日本国の要望にこたえかつ日本国の利益を考慮して、歯舞群島及び色丹島を日本国に引き渡すことに同意する。ただし、これらの諸島は、日本国とソヴィエト社会主義共和国連邦との間の平和条約が締結された後に現実に引き渡されるものとする。

10　この共同宣言は、批准されなければならない。この共同宣言は、批准書の交換の日に効力を生ずる。批准書の交換は、できる限りすみやかに東京で行われなければならない。

以上の証拠として、下名の全権委員は、この共同宣言に署名した。

1956年10月19日にモスクワで、ひとしく正文である日本語及びロシア語により本書2通を作成した。

日本国政府の委任により

鳩山一郎

河野一郎

松本俊一

ソヴィエト社会主義共和国連邦最高会議幹部会の委任により

N・ブルガーニン

D・シェピーロフ

日露通好条約（日本国魯西亜国通好条約）＝抜粋

１８５５年2月7日於下田調印
１８５６年12月7日於同所本書交換

日本国と魯西亜国と今より後懇切にして無事ならん事を欲して条約を定めんか為め、魯西亜ケイヅルは全権アヂュダンド、ゼネラール・フィース、アドミラール、エフィミュス・プチャーチンを差越し日本大君は重臣筒井肥前守、川路左衛門尉に任して左の条々を定む

第1条　今より後両国末永く真実懇にして各其所領に於て互に保護し人命は勿論什物に於ても損害なかるへし

第2条　今より後日本国と魯西亜国との境「エトロプ」島と「ウルップ」島との間に在るへし「エトロプ」全島は日本に属し「ウルップ」全島夫より北の方「クリル」諸島は魯西亜に属す「カラフト」島に至りては日本国と魯西亜国との間に於て界を分たす是迄仕来の通たるへし

（以下略）

安政元年12月21日（魯暦１８５５年第1月26日）

筒井肥前守　花押
川路左衛門尉　花押
エフィミュス・プチャーチン　手記

樺太千島交換条約 ＝抜粋

1875年5月7日「セント・ピータースブルグ」ニ於テ署名
1875年8月22日東京ニ於テ批准書交換

大日本国皇帝陛下ト
全露西亜国皇帝陛下ハ今般樺太島（即薩哈嗹島）是迄両国雑領ノ地タルニ由リテ屡次其ノ間ニ起レル紛議ノ根ヲ断チ現下両国間ニ存スル交誼ヲ堅牢ナラシメンカ為メ
大日本国皇帝陛下ハ樺太島（即薩哈嗹島）上ニ存スル領地ノ権理
全露西亜国皇帝陛下ハ「クリル」群島上ニ存スル領地ノ権理ヲ互ニ相交換スルノ約ヲ結ント欲シ
大日本国皇帝陛下ハ海軍中将兼在露京特命全権公使従四位榎本武揚ニ其全権ヲ任シ
全露西亜国皇帝陛下ハ太政大臣金剛石装飾露帝照像金剛石装飾露国「シント、アンドレアス」褒牌「シント、ウラジミル」一等褒牌「アレキサンドル、ネフスキー」褒牌白鷲褒牌「シント、アンナ」一等褒牌及「シント、スタニスラス」一等褒牌仏蘭西国「レジウン、ド、オノール」大十字褒牌西班牙国金膜大十字褒牌澳太利国「シント、エチーネ」大十字褒牌金剛石装飾露生国黒鷲褒牌及其他諸国ノ諸褒牌ヲ帯ル公爵「アレキサンドル・ゴルチャコフ」ニ其全権ヲ任ゼリ
右各全権ノ者左ノ条款ヲ協議シテ相決定ス

第一款

大日本国皇帝陛下ハ其ノ後胤ニ至ル迄現今樺太島（即薩哈嗹島）ノ一部ヲ所領スルノ権理及君主ニ属ス

ル一切ノ権理ヲ全露西亜国皇帝陛下ニ譲リ而今而後樺太全島ハ悉ク露西亜帝国ニ属シ「ラペルーズ」海峡ヲ以テ両国ノ境界トス

第二款

全露西亜国皇帝陛下ハ第一款ニ記セル樺太島（即薩哈嗹島）ノ権理ヲ受シ代トシテ其後胤ニ至ル迄現今所領「クリル」群島即チ第一「シュムシュ」島第二「アライド」島第三「パラムシル」島第四「マカンルシ」島第五「ヲネコタン」島第六「ハリムコタン」島第七「エカルマ」島第八「シャスコタン」島第九「ムシル」島第十「ライコケ」島第十一「マツア」島第十二「ラスツア」島第十三「スレドネワ」及「ウシシル」島第十四「ケトイ」島第十五「シムシル」島第十六「ブロトン」島第十七「チェルポイ」並ニ「ブラット、チェルポエフ」島第十八「ウルップ」島共計十八島ノ権理及ビ君主ニ属スル一切ノ権理ヲ大日本国皇帝陛下ニ譲リ而今而後「クリル」全島ハ日本帝国ニ属シ柬察加地方「ラパッカ」岬ト「シュムシュ」島ノ間ナル海挟ヲ以テ両国ノ境界トス（以下略）

明治8年5月7日 即1875年 4月25日 5月7日 比特堡府ニ於テ

榎本武揚　（印）

ゴルチャコフ　（印）

日ソ中立条約

（日本国及ソヴィエト連邦間中立条約）＝抜粋

1941年4月13日「モスコー」ニ於テ署名
1941年4月25日両国批准

大日本帝国及ソヴィエト連邦ハ両国間ノ平和及友好ノ関係ヲ鞏固ナラシムルノ希望ニ促サレ中立条約ヲ締結スルコトニ決シ左ノ如ク協定セリ

第一条　両締約国ハ両国間ニ平和及友好ノ関係ヲ維持シ相互ニ他方締約国ノ領土ノ保全及不可侵ヲ尊重スヘキコトヲ約ス

第二条　締約国ノ一方カ一又ハ二以上ノ第三国ヨリ軍事行動ノ対象ト為ル場合ニハ他方締約国ハ該紛争ノ全期間中中立ヲ守ルヘシ

第三条　本条約ハ両締約国ニ於テ其ノ批准ヲ了シタル日ヨリ実施セラルヘク且五年ノ期間効力ヲ有スヘシ両締約国ノ何レノ一方モ右期間満了ノ一年前ニ本条約ノ廃棄ヲ通告セサルトキハ本条約ハ次ノ五年間自動的ニ延長セラレタルモノト認メラレルヘシ

第四条　本条約ハ成ルヘク速ニ批准セラルヘシ批准書ノ交換ハ東京ニ於テ成ルヘク速ニ行ハルヘシ（以下略）

松岡　洋右
建川　美次
ヴェー・モロトフ

ヤルタ協定

１９４５年２月11日の「ヤルタ」会議に於て署名
１９４６年２月11日 米国国務省より発表

三大国、すなわちソヴィエト連邦、アメリカ合衆国及びグレート・ブリテンの指導者は、ソヴィエト連邦が、ドイツが降伏し、かつ、欧州における戦争が終了した後２箇月又は３箇月で、次のことを条件として、連合国に味方して日本国に対する戦争に参加すべきことを協定した。

１ 外蒙古（蒙古人民共和国）の現状が維持されること。

２ １９０４年の日本国の背信的攻撃により侵害されたロシアの旧権利が次のとおり回復されること。

(a) 樺太の南部及びこれに隣接するすべての諸島がソヴィエト連邦に返還されること。

(b) 大連港が国際化され、同港におけるソヴィエト連邦の優先的利益が擁護され、かつ、ソヴィエト社会主義共和国連邦の海軍基地としての旅順口の租借権が回復されること。

(c) 東支鉄道及び大連への出口を提供する南満州鉄道が中ソ合同会社の設立により共同で運営されること。ただし、ソヴィエト連邦の優先的利益が擁護されること及び中国が満州における完全な主権を保持することが了解される。

３ 千島列島がソヴィエト連邦に引き渡されること。

前記の外蒙古並びに港及び鉄道に関する協定は、蒋介石大元帥の同意を必要とするものとする。大統領は、この同意を得るため、スターリン大元帥の勧告に基づき措置を執るものとする。

三大国の首脳はこれらのソヴィエト連邦の要求が日本国が敗北した後に確実に満たされるべきことを合意した。

ソヴィエト連邦は、中国を日本国の羈絆から解放する目的をもって自国の軍隊により中国を援助するため、ソヴィエト社会主義共和国連邦と中国との間の友好同盟条約を中国政府と締結する用意があることを表明する。

1945年2月11日

J・スターリン

フランクリン・D・ルーズヴェルト

ウィンストン・S・チャーチル

〔備考〕本協定は1946年2月まで秘密にされていた。

ポツダム宣言

1945年7月26日「ポツダム」ニ於テ署名

一、吾等合衆国大統領、中華民国政府主席及「グレート・ブリテン」国総理大臣ハ吾等ノ数億ノ国民ヲ代表シ協議ノ上日本国ニ対シ今次ノ戦争ヲ終結スルノ機会ヲ与フルコトニ意見一致セリ

二、合衆国、英帝国及中華民国ノ巨大ナル陸、海、空軍ハ西方ヨリ自国ノ陸軍及空軍ニ依ル数倍ノ増強ヲ受ケ日本国ニ対シ最後的打撃ヲ加フルノ態勢ヲ整ヘタリ右軍事力ハ日本国カ抵抗ヲ終止スルニ至ル迄同国ニ対シ戦争ヲ遂行スルノ一切ノ連合国ノ決意ニ依リ支持セラレ且鼓舞セラレ居ルモノナリ

三、蹶起セル世界ノ自由ナル人民ノ力ニ対スル「ドイツ」国ノ無益且無意義ナル抵抗ノ結果ハ日本国国民ニ対スル先例ヲ極メテ明白ニ示スモノナリ現在日本国ニ対シ集結シツツアル力ハ抵抗スル「ナチス」ニ対シ適用セラレタル場合ニ於テ全「ドイツ」国人民ノ土地、産業及生活様式ヲ必然的ニ荒廃ニ帰セシメタル力ト比シ測リ知レサル程更ニ強大ナルモノナリ吾等ノ決意ニ支持セラルル吾等ノ軍事力ノ最高度ノ使用ハ日本国軍隊ノ不可避且完全ナル壊滅ヲ意味スヘク又同様必然的ニ日本国本土ノ完全ナル破壊ヲ意味スヘシ

四、無分別ナル打算ニ依リ日本帝国ヲ滅亡ノ淵ニ陥レタル我儘ナル軍国主義的助言者ニ依リ日本国カ引続キ統御セラルヘキカ又ハ理性ノ経路ヲ日本国カ履ムヘキカヲ日本国カ決定スヘキ時期ハ到来セリ

五、吾等ノ条件ハ左ノ如シ

吾等ハ右条件ヨリ離脱スルコトナカルヘシ右ニ代ル条件存在セス吾等ハ遅延ヲ認ムルヲ得ス

六、吾等ハ無責任ナル軍国主義カ世界ヨリ駆逐セラルルニ至ル迄ハ平和、安全及正義ノ新秩序カ生シ得サルコトヲ主張スルモノナルヲ以テ日本国国民ヲ欺瞞シ之ヲシテ世界征服ノ挙ニ出ツルノ過誤ヲ犯サシメタル者ノ権力及勢力ハ永久ニ除去セラレサルヘカラス

七、右ノ如キ新秩序カ建設セラレ且日本国ノ戦争遂行能力カ破砕セラレタルコトノ確証アルニ至ルマテハ連合国ノ指定スヘキ日本国領域内ノ諸地点ハ吾等ノ茲ニ指示スル基本的目的ノ達成ヲ確保スルタメ占領セラルヘシ

八、「カイロ」宣言ノ条項ハ履行セラルヘク又日本国ノ主権ハ本州、北海道、九州及四国竝ニ吾等ノ決定スル諸小島ニ局限セラルヘシ

九、日本国軍隊ハ完全ニ武装ヲ解除セラレタル後各自ノ家庭ニ復帰シ平和的且生産的ノ生活ヲ営ムノ機会ヲ得シメラルヘシ

十、吾等ハ日本人ヲ民族トシテ奴隷化セントシ又ハ国民トシテ滅亡セシメントスルノ意図ヲ有スルモノニ非サルモ吾等ノ俘虜ヲ虐待セル者ヲ含ム一切ノ戦争犯罪人ニ対シテハ厳重ナル処罰ヲ加ヘラルヘシ日本国政府ハ日本国国民ノ間ニ於ケル民主主義的傾向ノ復活強化ニ対スル一切ノ障礙ヲ除去スヘシ言論、宗教及思想ノ自由竝ニ基本的人権ノ尊重ハ確立セラルヘシ

十一、日本国ハ其ノ経済ヲ支持シ且公正ナル実物賠償ノ取立ヲ可能ナラシムルカ如キ産業ヲ維持スルコトヲ許サルヘシ但シ日本国ヲシテ戦争ノ為再軍備ヲ為スコトヲ得シムルカ如キ産業ハ此ノ限ニ在ラス右目的ノ為原料ノ入手（其ノ支配トハ之ヲ区別ス）ヲ許サルヘシ日本国ハ将来世界貿易関係ヘノ参加ヲ許サルヘシ

十二、前記諸目的カ達成セラレ且日本国国民ノ自由ニ表明セル意思ニ従ヒ平和的傾向ヲ有シ且責任アル政府カ樹立セラルルニ於テハ連合国ノ占領軍ハ直ニ日本国ヨリ撤収セラルヘシ

十三、吾等ハ日本国政府カ直ニ全日本国軍隊ノ無条件降伏ヲ宣言シ且右行動ニ於ケル同政府ノ誠意ニ付適当且充分ナル保障ヲ提供センコトヲ同政府ニ対シ要求ス右以外ノ日本国ノ選択ハ迅速且完全ナル壊滅アルノミトス

サンフランシスコ講和条約（日本国との平和条約）＝抜粋

１９５１年（昭和26年）９月８日署名
１９５２年（昭和27年）４月28日発効

連合国及び日本国は、両者の関係が、今後、共通の福祉を増進し且つ国際の平和及び安全を維持するために主権を有する対等のものとして友好的な連携の下に協力する国家の間の関係でなければならないことを決意し、よって、両者の間の戦争状態の存在の結果として今なお未決である問題を解決する平和条約を締結することを希望するので、

日本国としては、国際連合への加盟を申請し且つあらゆる場合に国際連合憲章の原則を遵守し、世界人権宣言の目的を実現するために努力し、国際連合憲章第55条及び第56条に定められ且つ既に降伏後の日本国の法制によって作られはじめた安定及び福祉の条件を日本国内に創造するために努力し、並びに公私の貿易及び通商において国際的に承認された公正な慣行に従う意思を宣言するので、

連合国は、前項に掲げた日本国の意思を歓迎するので、

よって、連合国及び日本国は、この平和条約を締結することに決定し、これに応じて下名の全権委員を任命した。これらの全権委員は、その全権委任状を示し、それが良好妥当であると認められた後、次の規定を協定した。

第1章　平　和

第1条

(a) 日本国と各連合国との間の戦争状態は、第23条の定めるところによりこの条約が日本国と当該連合国との間に効力を生ずる日に終了する。

(b) 連合国は、日本国及びその領水に対する日本国民の完全な主権を承認する。

第2章　領　域

第2条

(a) 日本国は、朝鮮の独立を承認して、済州島、巨文島及び鬱陵島を含む朝鮮に対するすべての権利、権原及び請求権を放棄する。

(b) 日本国は、台湾及び澎湖諸島に対するすべての権利、権原及び請求権を放棄する。

(c) 日本国は、千島列島並びに日本国が1905年9月5日のポーツマス条約の結果として主権を獲得した樺太の一部及びこれに近接する諸島に対するすべての権利、権原及び請求権を放棄する。

(d) 日本国は、国際連盟の委任統治制度に関連するすべての権利、権原及び請求権を放棄し、且つ、以前に日本国の委任統治の下にあった太平洋の諸島に信託統治制度を及ぼす1947年4月2日の国際連合安全保障理事会の行動を受諾する。

(e) 日本国は、日本国民の活動に由来するか又は他に由来するかを問わず、南極地域のいずれの部分に対する権利若しくは権原又はいずれの部分に関する利益についても、すべての請求権を放棄する。

(f) 日本国は、新南群島及び西沙群島に対するすべての権利、権原及び請求権を放棄する。

第3条

日本国は、北緯29度以南の南西諸島（琉球諸島及び大東諸島を含む。）、孀婦岩の南の南方諸島（小笠原群島、西之島及び火山列島を含む。）並びに沖の鳥島及び南鳥島を合衆国を唯一の施政権者とする信託統治制度の下におくこととする国際連合に対する合衆国のいかなる提案にも同意する。このような提案が行われ且つ可決されるまで、合衆国は、領水を含むこれらの諸島の領域及び住民に対して、行政、立法及び司法上の権力の全部及び一部を行使する権利を有するものとする。（以下略）

日露関係に関する東京宣言

1993年10月13日東京で署名

日本国総理大臣及びロシア連邦大統領は、

冷戦の終焉により、世界が、地球的レベル及び地域的レベルにおいて、更には諸国家間の二国間関係において、対立構造から脱却して国際協力の発展に対し新たな展望を開くような協力へと向かいつつあり、このことは、日露二国間関係の完全な正常化のために好ましい前提を作り出しているとの認識に基づき、

日本国及びロシア連邦が、自由、民主主義、法の支配及び基本的人権の尊重という普遍的価値を共有することを宣言し、

市場経済及び自由貿易の促進が、両国経済の繁栄及び世界経済全体の健全な発展に寄与するものであることを想起し、

ロシア連邦において推進されている改革の成功が、新しい世界の政治経済秩序の構築にとって決定的な重要性を有するものであることを確信し、

国連憲章の目的及び原則の尊重の上に両国関係を築くことの重要性を確認し、

日本国及びロシア連邦が、全体主義の遺産を克服し、新たな国際秩序の構築のために及び二国間関係の完全な正常化のために、国際協力の精神に基づいて協力していくべきことを決意して、

以下を宣言する。

1　日本国総理大臣及びロシア連邦大統領は、ロシア連邦で行われている民主的変革と経済改革が、同国の国民のみならず世界全体にとって極めて重要な意義を有しているとの認識を共有するとともに、同国が真の市場経済への移行に成功し、民主的な国際社会に円滑に統合されることが、世界の安定を強化し、新しい国際秩序の形成過程を不可逆的なものとする上で、不可欠の要因であるとの見解を有する。

この関連で、日本国総理大臣は、

「旧議会支持派がモスクワにおいて引き起こした武力衝突によって多数の犠牲者が出たことは遺憾であるが、事態が収束し、人権の尊重を含む法と秩序が回復されつつあることを歓迎する。

エリツィン大統領が進める民主改革路線及び経済改革への支持が不変であることを改めて確認するとともに、幅広い国民的参加を得た自由かつ公正な新議会選挙によって、国民の意思が反映する真に民主的な社会が誕生し、改革が更に推進されることを強く期待する。」

との先進国首脳からのメッセージをロシア連邦大統領に伝達した。

2　日本国総理大臣及びロシア連邦大統領は、両国関係における困難な過去の遺産は克服されなければならないとの認識を共有し、択捉島、国後島、色丹島及び歯舞群島の帰属に関する問題について真剣な交渉を行った。双方は、この問題を歴史的・法的事実に立脚し、両国の間で合意の上作成された諸文書及び法と正義の原則を基礎として解決することにより平和条約を早期に締結するよう交渉を継続し、もって両国間の関係を完全に正常化すべきことに合意する。この関連で、日本国政府及びロシア連邦政府は、ロシア連邦がソ連邦と国家としての継続性を有する同一の国家であり、日本国とソ連邦との間のすべての条約その他の国際約束は日本国とロシア連邦との間で引き続き適用されることを確認する。

日本国政府及びロシア連邦政府は、また、これまで両国間の平和条約作業部会において建設的な対話が行われ、その成果の一つとして1992年9月に「日露間領土問題の歴史に関する共同作成資料集」が日露共同で発表されたことを想起する。

日本国政府及びロシア連邦政府は、両国間で合意の上策定された枠組みの下で行われてきている前記の諸島に現に居住している住民と日本国の住民との間の相互訪問を一層円滑化することをはじめ、相互理解の増進へ向けた一連の措置を採ることに同意する。

3　日本国総理大臣及びロシア連邦大統領は、政治対話の拡大が日露関係の発展にとって有益かつ効果的な手段であることを確信し、最高首脳レベル、外務大臣レベル及び外務次官級レベルでの定期的な相互訪問による政治対話を継続し、深化させ、発展させることに同意する。

4　日本国総理大臣及びロシア連邦大統領は、軍備管理・軍縮の分野でこれまで達成された成果を歓迎し、その誠実な実施の必要性を確認するとともに、このプロセスを一層促進し、不可逆的なものとすることが重要であるとの認識を共有する。

双方は、核兵器の解体並びにそれに伴う核物質の貯蔵、管理及び処理の問題が全世界の安全保障にとって有する重要性についての認識を共有するとともに、これらの分野において協力する意図を確認する。双方は、また、放射性廃棄物の海洋投棄が、世界的な規模において、なかんずく、周辺諸国の環境に与える影響の見地から、深刻な懸念を惹起していることを確認するとともに、この問題を更に検討するため、日露合同作業部会を通じて緊密に協議していくことに同意する。

双方は、1993年1月にパリにおいて化学兵器の禁止に関する条約が署名されたことを歓迎するとともに、この条約が可能な限り多数の国の参加を得て世界の平和と安定に寄与することへの期待を表明する。双方は、また、大量破壊兵器及びこれらの運搬手段並びに関連の資機材、技術及び知識の不拡散を実効的に確保し、通常兵器の移転に係る透明性を向上させるために相互に密接に協力していくことに同意する。

5　日本国総理大臣及びロシア連邦大統領は、自由と開放性という共通の原則を基礎として、アジア・太平洋地域が21世紀の世界において目覚ましい発展を遂げる可能性があることについて共通の見解を有する。双方は、ロシア連邦が法と正義の原則を実践することにより、この地域において積極的かつ建設的なパートナーとなり、この地域の諸国間の政治・経済関係の発展に一層貢献していくことの意義を確認するとともに、この課題を実現するためには、この地域において重要な役割を果たしている日本国とロシア連邦の関係の完全な正常化が、この地域を平和で安定した地域とすること並びにロシア連邦を含むすべての国々及び地域に開放された自由貿易体制を基礎とする経済面での協力の発展の場とすることとの関連で、本質的に重要であるとの認識を共有する。

日本国総理大臣及びロシア連邦大統領は、アジア・太平洋地域における平和と安定の強化が必要であるとの共通の認識に立脚しつつ、安全保障面を含む広範な諸問題に関する両国政府当局間の対話の重要性を確認し、このような交流を更に活発化させることに同意する。

6　日本国総理大臣及びロシア連邦大統領は、国際連合が、変化する国際情勢に適合しつつ新たな世界平和の維持と創造のために中心的な役割を果たし得るよう、その機能、組織の在り方を含めた議論が国際連合において重ねられていることに注目するとともに、地球的規模の諸問題及び地域的諸問題の解決に向けた国際連合の努力に対する両国の貢献を活性化し、もって国際連合の権威を一層高めるよう、共通の努力を払うことに同意する。

1993年10月13日に東京で

日本国総理大臣　　細川護熙

ロシア連邦大統領　Ｂ・Ｎ・エリツィン

イルクーツク声明

（平和条約問題に関する交渉の今後の継続に関する日本国総理大臣及びロシア連邦大統領のイルクーツク声明）

２００１年３月25日

森喜朗日本国総理大臣とＶ・Ｖ・プーチン・ロシア連邦大統領は、２００１年３月25日イルクーツクにて会談した。双方は、２０００年４月の日本国総理大臣のサンクト・ペテルブルグ訪問及び２０００年９月のロシア連邦大統領の東京訪問以降、両国関係がすべての分野で一層発展を見せていることに満足の意を表明した。

２０００年９月５日に署名された平和条約問題に関する日本国総理大臣及びロシア連邦大統領の声明において合意された諸点を踏まえて、平和条約問題についての突っ込んだ意見交換が行われた。

双方は、90年代において、交渉プロセスが質的に活発化し、相互の立場に関する認識が深化したことを表明する。交渉に対し、重要で肯定的な弾みを与えたのは、１９９３年の日露関係に関する東京宣言に基づき、２０００年までに平和条約を締結するよう全力を尽くすというクラスノヤルスク合意である。双方は、クラスノヤルスク合意の実現に関する作業が重要な成果をもたらしたこと及びその創造的な力を今後とも維持しなくてはならないことを指摘した。

双方は、この関連で、平和条約の締結が、日露関係の前進的発展の一層の活発化を促し、その関係の質

的に新しい段階を開くであろうとの確信に基づき、

―平和条約締結に関する更なる交渉を、1956年の日本国とソヴィエト社会主義共和国連邦との共同宣言、1973年の日ソ共同声明、1991年の日ソ共同声明、1993年の日露関係に関する東京宣言、1998年の日本国とロシア連邦の間の創造的パートナーシップ構築に関するモスクワ宣言、2000年の平和条約問題に関する日本国総理大臣及びロシア連邦大統領の声明及び本声明を含む、今日までに採択された諸文書に基づいて行うことに合意した。

―1956年の日本国とソヴィエト社会主義共和国連邦との共同宣言が、両国間の外交関係の回復後の平和条約締結に関する交渉プロセスの出発点を設定した基本的な法的文書であることを確認した。

―その上で、1993年の日露関係に関する東京宣言に基づき、択捉島、国後島、色丹島及び歯舞群島の帰属に関する問題を解決することにより、平和条約を締結し、もって両国間の関係を完全に正常化するため、今後の交渉を促進することで合意した。

―相互に受け入れ可能な解決に達することを目的として、交渉を活発化させ、平和条約締結に向けた前進の具体的な方向性をあり得べき最も早い時点で決定することで合意した。

―平和条約の早期締結のための環境を整備することを目的とする、択捉島、国後島、色丹島及び歯舞群島を巡る協力を継続することを確認した。

―2001年1月16日にモスクワで河野外務大臣とイワノフ外務大臣により署名された「日露間領土問題の歴史に関する共同作成資料集の新版及び平和条約締結の重要性に関する世論啓発事業に関する覚書」の実施の重要性を確認した。

双方は、交渉を行う上で極めて重要なのは、日露関係において相互理解、信頼及び多様な方面における幅広い互恵的な協力に基づく雰囲気を維持することであることを基本とする。

２００１年３月25日イルクーツクにて

日本国総理大臣　森　喜朗

ロシア連邦大統領　Ｖ・Ｖ・プーチン

取材・執筆：北海道新聞社（東京支社編集局報道センター、モスクワ駐在、ユジノサハリンスク駐在、
本社編集局報道センター、根室支局）
世論調査：北海道新聞 HotMedia
図版・見出し：本社編集局編集本部、道新プロセス
編集・ブックデザイン：事業局出版センター
表紙：佐々木正男（佐々木デザイン事務所）

イチから分かる北方領土

2019年6月1日　第1版第1刷発行
2020年2月22日　第1版第3刷発行

著　　者　北海道新聞社
発 行 者　五十嵐正剛
発 行 所　北海道新聞社
〒060-8711　札幌市中央区大通西3丁目6
出版センター　（編集）電話：011-210-5742
（営業）電話：011-210-5744

印刷・製本所　藤田印刷株式会社